RÉINVENTER LE PROGRÈS

Des mêmes auteurs :

Laurent Berger
Permis de construire. Nous vivrons ce que nous changerons, Tallandier, 2015.

Pascal Canfin
Ce que les banques vous disent et pourquoi il ne faut presque jamais les croire, Les petits matins, 2012.
Le Contrat écologique pour l'Europe, Les petits matins, 2009.
C'est pollué près de chez vous. Les scandales écologiques en France, avec Wilfrid Séjeau, Les petits matins, 2008.
Consommer responsable, Flammarion, 2008.
L'Économie verte expliquée à ceux qui n'y croient pas, Les petits matins, 2007.

Philippe Frémeaux
Transition écologique, mode d'emploi, avec Wojtek Kalinowski et Aurore Lalucq, Les petits matins, 2014.

Précision : En dehors des questions directement liées à la transition écologique, Pascal Canfin ne s'exprime ici qu'en son nom personnel.

Création graphique : Thierry Oziel
Maquette : Laura Fredducci

31, rue Faidherbe, 75011 Paris
www.lespetitsmatins.fr

ISBN : 978-2-36383-214-6
Diffusion Seuil
Distribution Volumen

Laurent Berger Pascal Canfin

RÉINVENTER LE PROGRÈS

Entretiens
avec Philippe Frémeaux

{LES Petits matins}

SOMMAIRE

INTRODUCTION
Par Philippe Frémeaux

La société française, aujourd'hui, a peur de l'avenir. Aucun récit ne nous est proposé qui dessine un futur désirable. L'idée de progrès semble morte dans l'esprit de la classe politique. L'heure est au repli, à la défense nauséabonde d'une identité figée, alors que la nation française s'est toujours construite dans le mouvement, autour d'un projet propre à transcender nos différences – un projet qui fait défaut aujourd'hui. Au mieux, l'heure est à l'adaptation. Adaptation à la mondialisation, aux normes européennes, à la révolution numérique et, de manière bien trop timide, au changement climatique…

Dans ce contexte, la gauche, longtemps associée à l'idée de progrès, n'a plus de boussole. Sa frange la plus radicale s'abandonne trop souvent à cultiver la nostalgie du monde d'hier, tandis que la gauche de gouvernement, qui tirait sa légitimité de la redistribution des fruits de la croissance, se voit démunie quand celle-ci n'est plus au rendez-vous – et qu'elle n'est plus ni possible ni souhaitable, en raison des dégâts environnementaux qu'elle engendre.

Laurent Berger, secrétaire général de la CFDT, et Pascal Canfin, directeur général du WWF France et ancien ministre délégué au Développement, ont en commun de ne pas se résigner à cette situation. Ils s'accordent sur le fait qu'on ne rendra pas l'activité économique soutenable sans transformer nos modes de production et de consommation.

Tout l'enjeu, pour l'écologiste comme pour le syndicaliste, est de faire de cette contrainte une chance et de placer la transition écologique au service du bien-être. C'est d'ailleurs une condition de sa mise en œuvre. Car on ne s'engagera pas dans les ruptures nécessaires sans les rendre désirables, sans qu'elles soient associées à une nouvelle vision du progrès, à un renouveau de la démocratie, à une extension du pouvoir d'agir des citoyens.

Reste à gérer ces profondes transformations de notre modèle économique et social sans que personne ne reste au bord de la route, à créer les conditions permettant de les anticiper et d'en négocier les conséquences en associant l'ensemble des acteurs. Laurent Berger et Pascal Canfin entrent dans le vif du sujet et proposent des solutions concrètes. Sans minimiser les contraintes ni proposer de solutions magiques, mais sans abandonner non plus l'objectif d'émancipation que porte historiquement le mouvement social. Bref, redessiner un futur qui fasse envie : voilà ce que nous proposent dans ce livre Laurent Berger et Pascal Canfin.

Chapitre 1
PASSER DU « PLUS » AU « MIEUX »

Philippe Frémeaux : Vous avez souhaité l'un et l'autre donner comme titre à cet ouvrage *Réinventer le progrès*. N'est-ce pas un peu ambitieux ?

Pascal Canfin : C'est sans doute ambitieux, mais c'est une absolue nécessité. Les Français sont inquiets. Ils pensent que le sort de leurs enfants sera moins favorable que le leur, ce qui nourrit toutes les forces de désintégration. Il est donc urgent d'ouvrir de nouvelles perspectives pour réinventer le progrès autour de quatre axes majeurs : inscrire l'activité économique dans les limites de la planète pour adapter notre logiciel à la crise écologique ; donner des solutions pour tirer la mondialisation vers le haut en refusant à la fois le mythe de la mondialisation heureuse et les dangers de la fermeture nationale ; profiter au maximum de la révolution numérique en cours pour créer des innovations utiles qui changent notre façon d'agir ; enfin, redonner du pouvoir à la société, aux personnes et aux territoires pour libérer les énergies.

Ce nouveau progressisme veut apporter de nouvelles sécurités – sociales, écologiques, géopolitiques – dans un monde qui change. Ce n'est ni le nationalisme qui gagne partout du terrain, à gauche comme à droite, ni une adaptation à la mondialisation libérale au travers des fameuses « réformes structurelles ». Après avoir participé à un gouvernement où j'ai essayé de défendre cette synthèse progressiste, je veux apporter une nouvelle pierre à cet édifice. Avec ce livre, je veux participer à la bataille culturelle, un combat au moins aussi important que la bataille électorale. Non seulement parce qu'il détermine en partie le résultat des élections, mais aussi parce qu'il vient influer fortement sur le contenu des politiques conduites.

Laurent Berger: Pour ma part, je ne vois pas bien à quoi servirait le syndicalisme s'il renonçait à l'ambition du progrès. Historiquement, c'est notre raison d'être! Les syndicats ont toujours eu pour mission de créer les institutions et les règles permettant de transformer le progrès technique en progrès social. Hier, il s'agissait de redistribuer les fruits de la croissance. Aujourd'hui, nous sommes confrontés à un défi similaire, celui de refonder des institutions devenues obsolètes face à la rapidité et à la profondeur des mutations. Désormais, le progrès technique s'appelle révolution numérique, et il bouleverse tout, particulièrement le travail. Parallèlement, la croissance et plus largement notre modèle de développement sont mis au défi de la transition écologique. Le monde est sans aucun doute plus complexe et plus incertain, plus interdépendant qu'il ne l'était il y a cinquante ans.

Dans ce contexte, le progrès doit nous conduire à chercher le «mieux», pas le «plus». Le mieux pour tous, plutôt que le plus pour quelques-uns. Souvent, même, il nous faut chercher à faire mieux avec moins: moins de pression sur les ressources naturelles, moins de déchets, de pollution, moins de gaspillage et de surconsommation... Autant d'opportunités, finalement, de faire mieux en termes de qualité de la vie, de vivre-ensemble, mais aussi de performance économique. Ce choix de la qualité plutôt que de la quantité conduit à interroger le contenu de la croissance.

Il ne s'agit pas d'être « contre » la croissance, mais de refuser la croissance à tout prix ou comme seul horizon.

L'autre dimension du progrès, à mon sens, c'est de se donner pour finalité l'émancipation individuelle et collective. La question est de savoir où l'on va, mais aussi et surtout de savoir comment on y va et qui peut choisir la direction à prendre. Les gens ont le droit de décider des règles qui vont organiser leur vie et leur travail. Ils ont le droit de décider du monde dans lequel ils vont vivre et qu'ils laisseront à leurs enfants. Cependant, pour qu'ils puissent décider *réellement,* ils doivent pouvoir saisir les enjeux. La contrainte climatique est une réalité, mais les possibilités offertes par la transition écologique – en termes de « mieux », justement – sont tout aussi réelles. Donner accès à cette information et permettre aux personnes de se l'approprier, même si c'est complexe, revient à leur donner les moyens de prendre des décisions et d'agir. Et c'est l'inverse de chercher à « rendre la transition acceptable » !

L'autre condition de l'émancipation, c'est de rééquilibrer les rapports de force afin de parvenir à des compromis respectueux de chacun. Dans l'entreprise, c'est avec des syndicats forts, engagés dans la négociation, que les salariés peuvent faire entendre leur voix face aux dirigeants et aux actionnaires. Sur les questions relatives à l'écologie, face aux lobbys de tout poil, la société civile doit s'organiser et monter au créneau pour mettre en avant les enjeux de long terme, l'intérêt de la planète et des citoyens.

Ph. F. : Du « mieux » plutôt que du « plus » : n'est-ce pas aussi la vision portée par l'écologie politique quand elle explique qu'il faut changer de modèle économique pour respecter les limites de la planète ?

P. C. : Absolument. Ma conviction profonde est que nous sommes à l'orée d'une nouvelle Renaissance. Une Renaissance qui prend en compte cet acquis majeur de l'écologie consistant à poser une nouvelle fois la question des limites. Jusqu'au XVe siècle, jusqu'à la modernité apportée par la Renaissance, la vision dominante du monde était que celui-ci était fini. Il avait été créé une fois pour toutes et il obéissait à un ordre né de la volonté divine. L'être humain avait vocation à évoluer dans un champ de contraintes considéré comme immuable. Avec la révolution copernicienne, le monde est apparu infini. Il s'est transformé en un terrain illimité, à la fois ouvert et soumis à l'invention humaine. Désormais, il nous était demandé de croître, de progresser, d'innover sans cesse. Et comme le monde n'était plus un monde donné, s'imposant tel quel à l'homme, mais un monde à construire, à façonner, l'individu s'est progressivement autonomisé de l'ordre ancien. Il a construit un nouvel ordre dont sont sorties les nations et les souverainetés populaires contre les royaumes de droit divin, ainsi que l'affirmation des libertés individuelles. Tout cela débouche sur nos sociétés contemporaines, toujours plus individualistes, où l'idée maîtresse est qu'il n'y a pas de limites – ni technologiques, ni morales, ni matérielles – à la satisfaction des désirs.

Ph. F. : Et c'est cette conviction que l'écologie est venue remettre en cause ?

P. C. : Oui. Si l'on prend au sérieux tous les signaux que la planète nous envoie et que les scientifiques nous aident à décrypter, il est clair que nous ne sommes pas sur une planète illimitée. Certes, notre intelligence et nos capacités sont illimitées – notre bêtise également, comme l'histoire et l'actualité le démontrent chaque jour. En revanche, les ressources sont limitées. Nous n'avons pas de planète B. Nous sommes désormais entrés dans l'Anthropocène, c'est-à-dire un moment inédit dans l'histoire de l'humanité où une espèce – en l'occurrence l'espèce humaine – est capable de modifier l'ensemble de l'écosystème de la planète, que ce soit par les accidents nucléaires, le dérèglement climatique ou l'extinction des autres espèces, comme on le constate aujourd'hui au vu des atteintes à la biodiversité. Par conséquent, les limites sont de retour, non plus d'un point de vue religieux, selon un ordre immuable (même si le développement partout dans le monde des extrémismes religieux doit nous pousser à nous interroger), mais comme un constat scientifique qui vient changer radicalement notre rapport au monde et à la croissance économique, et plus généralement notre réflexion sur ce qui est fondamental et ce qui est facultatif.

L. B. : Il y a quand même un acquis majeur à conserver de la Renaissance : l'humanisme. Notre horizon collectif ne peut pas se résumer à « éviter la catastrophe », on ne peut pas définir ce qu'il faut changer et comment le faire uniquement sous la menace, fût-elle celle d'un risque vital. La science établit un diagnostic, alerte sur des dangers et offre des solutions, mais on ne réussira la transition que si l'on part des hommes tels qu'ils sont, de leurs comportements et de leurs aspirations. L'homme nouveau est un mythe, et c'est un mythe dangereux. Je préfère que les hommes développent une conscience de ce qui se passe et qu'on leur donne les moyens d'agir, d'expérimenter, d'inventer ensemble leur chemin. On ne peut pas dire aux gens que, ce qui compte, c'est la température dans cinquante ans et que, au motif de contenir son augmentation, ils doivent dire « amen » à tout. Ce qui compte, c'est comment on invente un chemin pour arriver dans un demi-siècle à une planète vivable, où la température est raisonnable. Et ce chemin, ce sera notre vie à tous, avec ses bons et ses mauvais jours.

P. C. : Je suis d'accord sur l'humanisme. Mais il faut justement en repenser le sens dans un monde limité. C'est pour cela que je dis souvent que l'écologie est l'humanisme du XXIe siècle. Ce qui a bien sûr des conséquences pour tous les progressistes.

Ph. F. : La gauche, longtemps associée à une vision prométhéenne du progrès économique et social, est de fait conduite à revoir son logiciel…

P. C. : Oui. Est-ce que le logiciel social-démocrate, né à la fin du XIXe siècle dans le contexte culturel du monde illimité et de l'aspiration à l'abondance pour tous, est capable d'intégrer l'idée de limite ? Au fond, l'écologie nous conduit à nous reposer la question du sens, la question des finalités de l'activité économique. Car, dès lors que nous ne sommes plus dans un monde illimité, il demeure, dans le système productif, des activités qui ont du sens et d'autres qu'il faut réduire, qui constituent des pollutions. Intégrer la question de la limite conduit logiquement à celle de la sélectivité. Toute production n'est plus bonne à produire ! L'écologie incite à s'interroger non seulement sur la nature de la production, mais aussi sur ses méthodes, son sens et son utilité. Si le monde était illimité, si l'atmosphère pouvait absorber une quantité sans fin de CO_2, il n'y aurait pas de problème de changement climatique. Si le stock de poissons dans les océans était infini, il n'y aurait pas besoin de fixer des quotas de pêche. Si les forêts étaient sans limites, la déforestation ne serait pas un problème… Mais ce n'est pas le cas, et il faut en tirer les conséquences.

L. B. : La question qui est posée est évidemment celle du sens. La sélectivité dont parle Pascal et la finalité des activités économiques impliquent fondamentalement d'interroger ce qui importe et la façon dont les décisions sont prises. Que choisir ? Qui choisit, et selon quelles règles du jeu ? On peut associer le « logiciel social-démocrate » au contexte de quête d'abondance dans lequel il est né ; je préfère retenir la méthode d'organisation qu'il instaure, son projet démocratique, qui est de confronter des intérêts divergents par la négociation et de les dépasser par le compromis. C'est la seule façon de gérer intelligemment les biens communs et leurs conflits d'usage.

Dans un monde de limites, puisque nous y sommes, il y a deux enjeux : la capacité à prendre les bonnes orientations stratégiques pour dépasser – et non subir – cette contrainte de rareté, et le partage équitable des ressources. J'ai la conviction que, sur ces deux enjeux, c'est par le dialogue, et d'abord au sein de l'entreprise, que les choses bougeront.

Le changement, je ne me contente pas de l'attendre du monde politique – même si je ne minimise pas son rôle pour autant. Je compte aussi et surtout sur notre capacité collective à nous organiser pour, par exemple, changer nos façons de nous déplacer, pour travailler en partie à distance, pour consommer et produire de façon plus économe et responsable.

Cette transformation commence dans l'entreprise, en permettant aux salariés de participer aux décisions stratégiques. Ceux-ci sont souvent plus enclins à favoriser l'investissement et le temps long que des actionnaires peu investis dans l'entreprise et peu concernés par sa pérennité.

Et, parce qu'ils sont aussi des citoyens, les habitants d'un territoire, ils sont sensibles à l'empreinte laissée par l'entreprise sur son environnement.

Dans les territoires, il faut associer à la démocratie locale, fondée sur la représentation des habitants, l'expression des autres acteurs : salariés, employeurs, associations, pour que tous participent à la décision et contribuent à l'émergence de solutions. Enfin, au niveau national, dans les filières, les différents acteurs doivent pouvoir s'organiser pour assurer la robustesse et la bonne coopération des entreprises.

Ph. F. : Il n'y a donc pas de place pour l'État ?

L. B. : Si, bien sûr. Pour l'État et, au-delà, pour l'Europe. Les citoyens ont la responsabilité d'agir, de ne pas tout attendre de l'État. Mais celui-ci – stratège, régulateur, protecteur, investisseur social par l'éducation et la recherche – détient un rôle essentiel. Je ne suis pas de ceux qui pensent que l'action publique se développe aux dépens du marché. Je crois au contraire que le marché a besoin d'action publique.

Tout au long de l'histoire, l'extension du marché a supposé une intervention publique permanente. Les Trente Glorieuses ont été tirées par la diffusion de progrès technologiques, industriels et logistiques nés pendant la Seconde Guerre mondiale pour soutenir l'effort militaire. Le marché national s'est lui-même développé avec la création d'infrastructures de transport (voies ferrées, canaux, routes…) sous l'impulsion de l'État et, désormais, des collectivités territoriales. Il suppose l'existence d'une main-d'œuvre bien formée et en bonne santé, donc d'un service public chargé de l'éducation et de l'accès aux soins. Le progrès technologique qui nourrit le développement industriel est lui-même tiré par la recherche publique. Et les entreprises qui choisissent leurs implantations le font en observant précisément la qualité des transports, des écosystèmes de recherche et de formation, la qualité de vie, autant qu'en comparant le niveau des contributions.

L'action publique – qu'elle soit nationale, européenne ou internationale – est donc indispensable, et c'est encore plus vrai quand il s'agit d'affronter une mutation comme la transition écologique, qui demande que l'on s'organise et que tous les acteurs soient mobilisés et orientés dans la bonne direction.

Ph. F. : Revenons à la question des limites. Ne nous oblige-t-elle pas aussi à faire évoluer notre conception du progrès social ?

L. B. : Certes, mais pas à y renoncer ! Je crois au contraire qu'il est plus que jamais indispensable de défendre l'idée que le progrès social est toujours possible, que demain peut être à la fois plus juste et plus agréable à vivre. Or, pour cela, il faut se sortir de la tête l'idée que le progrès ne peut se traduire qu'en quantité, en « plus, tout de suite, pour moi ». Sortir d'une logique productiviste, c'est aussi rompre avec la croyance que tous les problèmes peuvent se résoudre en augmentant les quantités : des moyens supplémentaires, du personnel supplémentaire, etc. À certains endroits, la quantité manque, et même dramatiquement. Mais pas partout, et pas tout le temps ! Et, surtout, ça ne doit pas être une excuse pour éviter de regarder ce qui, fondamentalement, ne marche pas et peut être amélioré.

Par exemple, les difficultés de l'école française peuvent-elles se résoudre uniquement en augmentant le nombre d'enseignants ? Ne faut-il pas aussi rediscuter des manières d'enseigner et d'apprendre, des nouvelles compétences à transmettre ? Doit-on considérer notre système de protection sociale comme un « temple sacré » intouchable dont il suffirait d'augmenter les moyens pour assurer sa pérennité ? Ou faut-il regarder en face ses failles, les gens qu'il laisse sur le bord de la route, et, tout en conservant l'objectif de solidarité, renforcer l'exigence de protection et d'autonomie pour toutes les personnes ?

Ces exemples peuvent paraître éloignés de notre sujet, mais, parce qu'ils invitent à faire autrement sans forcément faire plus, ils sont en lien avec la transition écologique et les questions qu'elle soulève.

Ph. F. : Revenons néanmoins à notre sujet. Notre rapport a la nature a évolué au fil du temps. N'avons-nous pas déjà franchi des limites ?

L. B. : C'est un fait. Le projet de Descartes de « nous rendre comme maîtres et possesseurs de la nature » est en grande partie réalisé. Cela a permis, d'un côté, de sortir l'humanité de la crainte permanente de la nature, du froid et des sécheresses. Mais le revers est une sorte d'amnésie collective sur ce que l'homme doit à la nature, amnésie qui est la source de la situation écologique calamiteuse où nous sommes. Nous nous vivions comme les enfants de la Terre, il va maintenant falloir devenir adultes, responsables de l'avenir de la planète et de celui de l'humanité. Car le franchissement des limites n'a pas seulement épuisé les ressources, il a aussi épuisé les hommes. Des secteurs économiques se sont structurés pendant des années sur des logiques d'intensification du travail et de pression sur l'environnement, pour aboutir, au bout du compte, dans une impasse sociale, environnementale et économique.

Prenons une partie du secteur agroalimentaire en Bretagne, par exemple. On ne peut pas s'inquiéter des conséquences des algues vertes sur la santé publique ou l'attractivité des plages sans évoquer le mode de production de la filière porcine, qui a favorisé leur développement et a simultanément créé des conditions de travail difficiles dans les fermes industrielles et les abattoirs. Un tel mode de production n'est respectueux ni des hommes et des femmes qui vivent de cette filière ni de leur cadre de vie. Il est pourtant possible de faire autrement, pour les hommes et pour la nature.

Ph. F. : Il faut donc ouvrir la voie à une nouvelle Renaissance dans un monde qui a pris conscience de ses limites. Reste que les écologistes sont parfois présentés comme hostiles au progrès, comme s'ils rêvaient de revenir à l'avant-modernité, à un monde soumis aux lois de la nature.

P. C. : L'enjeu civilisationnel est bien de conserver les acquis de la modernité, une certaine forme d'individualisme qui porte la liberté des choix de vie, l'émancipation, et particulièrement celle des femmes. Il est d'éviter de se retrouver dans un monde qui rétrécit, se referme, en raison de la montée des périls et des conflits environnementaux, ainsi que de la crainte des flux migratoires qui pourraient en résulter[1]. Il faut bien comprendre que l'augmentation des conflits liés aux tensions environnementales a déjà commencé. Selon le Conseil norvégien pour les réfugiés[2], le monde compte aujourd'hui trois fois plus de personnes déplacées pour des raisons climatiques que de réfugiés fuyant des conflits armés.

1. Voir chapitre 4.
2. Une organisation indépendante spécialisée dans l'aide d'urgence.

De fait, nous vivons dans un monde qui est en train de se crisper, où les tensions s'exacerbent au niveau national et international. Dans ce contexte, si quelque chose menace les acquis de la modernité, ce n'est pas le fait de penser la transition écologique, comme on l'entend parfois, c'est plutôt de ne pas la mettre en œuvre ! La meilleure défense de ces acquis consiste à penser les limites de la planète et à utiliser notre intelligence pour s'adapter à cette nouvelle contrainte en développant les outils et les modes d'organisation sociale permettant d'y faire face. Inversement, ce qui menace la modernité, c'est de nier cette réalité – et donc de la subir. De la subir jusqu'au point où il sera trop tard, parce qu'il y aura des millions de réfugiés climatiques et que la question identitaire sera au cœur du débat politique. Et quand la question identitaire devient le cœur du débat politique, ce sont rarement les progressistes qui gagnent.

Ph. F. : Est-ce une menace aussi pour le mouvement syndical ?

P. C. : Absolument, car les organisations syndicales, par nature, portent la question sociale au centre du débat politique, au sens le plus fort du terme. Elles sont donc profondément victimes d'une telle évolution, car, quand l'identité devient centrale, il n'y plus de riches ni de pauvres, plus de patrons ni de salariés, plus d'inégalités : il reste seulement « eux » et « nous », les « de souche » et les « étrangers ». On le constate déjà en Hongrie, au Danemark, en Flandre, partout où la question identitaire s'est installée au cœur du débat. Avec des effets surprenants : ainsi, quand l'Union démocratique du centre – le bien mal nommé parti suisse d'extrême droite – a initié un référendum restreignant les droits des travailleurs étrangers, le Front national a réagi sur le mode « bravo, les Suisses se défendent ». Or, au premier rang des personnes visées, il y avait les Français… qui constituent l'une des principales communautés étrangères occupant des emplois en Suisse !

Bref, nous sommes tous l'étranger d'un autre, et cette accumulation de crispations identitaires recèle un potentiel de conflictualité considérable. Sans aller jusqu'à tracer un parallèle exagéré avec les années 1930, on ressent tout de même un climat très malsain aujourd'hui. « Le nationalisme, c'est la guerre », rappelait toujours François Mitterrand. J'en suis profondément convaincu. Je fais partie de cette génération qui a toujours considéré l'Europe comme une évidence et une guerre entre nous comme une fiction impossible. Or, quand je projette sur les dix ou vingt ans à venir les tendances identitaires actuelles, je n'en suis plus si sûr.

L. B. : La montée des extrêmes me préoccupe énormément. Il faut dénoncer, chaque fois que cela s'avère nécessaire, l'imposture idéologique et les discours anxiogènes autour de l'immigration. Certains voudraient nous faire croire qu'on pourrait fermer les frontières et que cela nous conduirait comme par miracle au plein-emploi. Mais les faits montrent que c'est faux ! Chasser les migrants ne fait pas – et ne fera jamais – baisser le chômage. En revanche, ces discours et cette imposture nous ont éloignés de ce qui fait notre force : la confiance dans nos valeurs et dans notre projet collectif. Une société qui est sûre d'elle-même est sûre de sa capacité d'intégration.

Ces extrêmes, sur quoi prospèrent-ils ? Sur le sentiment d'abandon et de déclassement de territoires entiers qui subissent la désindustrialisation, voient partir les employeurs et les services publics. Sur un manque d'accompagnement dans ces transitions parfois violentes. Sur un débat public de mauvaise qualité où les questions de fond ne sont jamais abordées parce qu'on préfère désigner des adversaires plutôt que d'identifier des obstacles.

Les gens n'en peuvent plus des conflits stériles, de la mise en concurrence généralisée des salariés, des entreprises et des territoires. La démocratie sociale, quand elle fonctionne bien, avec des acteurs qui s'engagent dans un dialogue loyal et constructif, permet de sortir de cette impasse. Son objectif n'est pas la victoire d'un camp sur un autre, mais bien la recherche de solutions partagées.

Nous devons créer les conditions pour maintenir et développer l'emploi, améliorer l'action publique en conservant son rôle majeur de proximité, favoriser la résilience des territoires et accompagner chacun vers le poste d'après. Quand on a fait tout cela, on a joué son rôle. Et l'on agit sur les causes qui font progresser l'extrême droite : le sentiment d'abandon, de déclassement, de désespoir.

Ph. F. : Il faut donc redonner du sens à l'idée de progrès. Mais peut-on assurer une meilleure qualité de vie à tous sans développer l'activité économique ?

L. B. : Entendons-nous bien : l'objectif n'est pas la croissance, mais le développement humain. Dans ce cadre, nous avons encore besoin d'un haut niveau d'activité pour accroître le bien-être et assurer le financement de nos choix de modèle social et de solidarité.

Faire le choix de la qualité pour tous implique un juste partage des richesses matérielles, mais cela va un peu plus loin. Quand on parle de bien-être, la question de l'accès – aux droits, aux biens, aux services –, la possibilité de faire des choix et le lien aux autres sont fondamentaux. Je suis très attaché à la théorie des « capabilités » forgée par l'économiste Amartya Sen, qui exprime la possibilité effective pour un individu de faire des choix, de se réaliser. Cette notion permet de penser le développement humain au-delà de l'accumulation de biens. Sen affirme que l'émancipation doit être la finalité ultime, au service de laquelle la prospérité économique n'est qu'un moyen parmi d'autres.

P. C : En réponse à cette question, je commencerai par rappeler que, pour l'essentiel de l'humanité, le bien-être, c'est encore consommer plus. Quand on vit en Éthiopie, au Sénégal ou au Vietnam, l'augmentation matérielle de la consommation est l'aspiration première – et elle est légitime, comme l'est le déploiement des services publics dont nous disposons et que les habitants de ces pays n'ont toujours pas : l'accès aux soins, à l'éducation, à un logement décent, etc.

Ph. F. : En somme, à tout ce qui permet de vivre dignement…

P. C. : Exactement, et cela passe notamment par une augmentation de la consommation matérielle. Je ne vois pas au nom de quoi on dirait aujourd'hui à un Sénégalais : « Désolé, nous n'avons plus les ressources, on les a déjà consommées et il n'y en a plus pour vous… » En tant qu'ancien ministre délégué au Développement, j'insiste toujours pour qu'on n'oublie pas cette perspective. Mais, pour que les milliards de personnes qui vivent encore avec moins de deux dollars par jour aient accès à ce développement, il faut que les pays riches contribuent à inventer une économie qui leur en laisse la possibilité. On ne peut pas vivre à 9 milliards sur notre planète avec le niveau de consommation de biens matériels et d'énergie d'un Européen ou d'un Nord-Américain. Cette équation-là est impossible à tenir, et sa résolution est bien un sujet – pour ne pas dire *le* sujet – fondamental du XXIe siècle.

Ph. F. : En résumé, les riches vivent au-dessus des moyens de la planète ?

P. C. : Oui. Le WWF et le Global Footprint Network publient chaque année la date du «jour du dépassement», celui à partir duquel nous vivons à crédit car nous avons utilisé toutes les capacités de notre planète à régénérer les océans, à capter le CO_2 grâce aux forêts, etc. C'est dans les années 1970 que notre consommation des services de la planète a commencé à dépasser sa capacité. Aussi, le jour du dépassement remonte chaque année dans le calendrier. En 2016, nous avons vécu à crédit à partir du 8 août, et chacun comprend que, lorsque l'on mange chaque année une partie du capital, à la fin, c'est la faillite.

Par ailleurs, quand on considère les pays disposant d'un indice de développement humain (IDH) relativement satisfaisant (0,8 et plus[3]) et qu'on observe qui, dans ce groupe, a une empreinte écologique soutenable (c'est-à-dire un niveau de production soutenable pour notre planète), on trouve un ensemble vide : aucun pays disposant d'un niveau d'IDH satisfaisant n'a une empreinte écologique soutenable ; à l'inverse, les pays dont l'empreinte écologique est soutenable ont tous un faible IDH. Bref, aucun pays n'allie production soutenable et développement humain

3. Cet indicateur, créé en 1990 par le Programme des Nations unies pour le développement (Pnud) à l'initiative d'Amartya Sen, cumule trois critères : le PIB par habitant, l'espérance de vie à la naissance et le niveau d'éducation. Il est compris entre 0 (exécrable) et 1 (excellent).

satisfaisant. On peut en tirer une conclusion très négative et se dire que tout est foutu ; on peut aussi en conclure que là est le défi que notre génération doit relever : inventer l'économie compatible avec les limites de la planète et permettant à toute l'humanité de vivre dignement.

De la même manière qu'avant d'inventer Internet on n'avait pas Internet, avant d'aller sur la Lune on n'allait pas sur la Lune, avant d'inventer la voiture on n'avait pas de voiture, etc., il nous faut maintenant inventer l'économie neutre en carbone, qui ne détruit pas notre capital naturel : bref, qui ne scie pas la branche sur laquelle nous sommes assis. Et les syndicats, face à ce défi, doivent être nos alliés, car il y va de l'intérêt de tous.

Ph. F. : À ceci près qu'une grande partie de la population – y compris dans la France d'aujourd'hui – n'accède pas à une qualité de vie satisfaisante en termes de normes de consommation, sans même parler des questions d'emploi, dont nous traiterons plus loin. Aussi, le discours de sobriété tenu par une partie des écologistes est inaudible, d'autant que, au même moment, les 20 % les plus riches – ceux qui consomment le plus et détruisent aussi le plus la planète – fixent la norme de ce qui est souhaitable et désirable pour le monde entier. Alors que nous savons très bien que nous ne pouvons pas tous vivre comme eux.

L. B. : C'est bien la preuve que nous sommes parvenus au bout d'un modèle. Ce qui frappe, où que l'on regarde, c'est l'inégale distribution des richesses, des risques, des responsabilités et des chances. Avec des divergences qui se creusent et qui ne sont tout simplement plus acceptables. Trop souvent, là où il y a du pouvoir, il n'y a pas la responsabilité qui va avec. On le voit au sein des chaînes d'approvisionnement désormais mondialisées : les grandes firmes donneuses d'ordres captent les bénéfices, mais elles n'assument pas suffisamment leur devoir de vigilance à l'égard de leurs filiales ou de leurs sous-traitants. Ceux qui contribuent à la création de richesse ne perçoivent pas toujours une juste rémunération en retour : la valeur ajoutée n'est pas bien répartie au sein des entreprises et des filières, et, tandis que de hauts dirigeants touchent des salaires hallucinants, certains métiers pourtant utiles socialement demeurent sous-valorisés. Enfin, ceux qui prennent des risques ne sont pas toujours ceux qui participent aux décisions. Avec l'impact de plus en plus fort de la finance sur l'économie et la flexibilisation de l'emploi, on constate que les risques ont été transférés des actionnaires vers les salariés, alors même que ceux-ci sont encore tenus à l'écart de la gouvernance des entreprises.

Si on ajoute à cela l'aveuglement politique et économique sur les enjeux de long terme, on comprend bien que l'on arrive à des impasses environnementales, mais aussi économiques et sociales. D'une part, on risque de voir des activités péricliter, faute d'avoir su investir dans une économie plus résiliente. D'autre part, on creuse encore un peu plus la fracture entre ceux qui réussissent – l'élite toujours plus éduquée et mobile – et ceux qui subissent la précarité.

Alors soyons clairs : ce n'est pas la transition écologique qui est la cause de nos malheurs, ni d'ailleurs la transition numérique. Elles ne sont que les révélateurs – et les accélérateurs – des lacunes de notre modèle et de l'impossibilité, désormais, de les combler avec des rustines. Donc oui, il faut vraiment changer de logiciel !

Ph. F. : Et ne pas se contenter de dire qu'il va falloir se serrer la ceinture, car ce n'est pas vraiment enthousiasmant !

P. C. : L'objectif n'est pas nécessairement de « se serrer la ceinture », car la transition peut constituer un progrès vers une vie meilleure. Et puis est-ce qu'un monde à 4 °C de réchauffement climatique est un monde désirable ?

L. B. : C'est évident. De la même façon qu'il n'y aura plus à se battre pour le pouvoir d'achat ou pour l'emploi sur une planète morte !

P. C. : Laurent fait écho à une belle phrase de Sharan Burrow, la secrétaire générale de la Confédération internationale des syndicats, selon qui « il n'y a pas d'emploi sur une planète morte ». Elle a totalement raison.

Pour revenir à la question de la croissance, on a pu constater que, jusqu'à un certain niveau de croissance du PIB, il existait bien une corrélation entre sa progression et l'amélioration du bien-être des personnes. Mais, au-delà de ce point de bascule, ce n'est plus vrai. Dans la plupart des pays développés, ce point a été atteint à la fin des années 1970. Or, tous les indicateurs actuels, dont le PIB, ont été construits après la Seconde Guerre mondiale, à une époque où bien-être et croissance allaient encore largement de pair et où la progression du PIB pouvait être considérée comme un équivalent universel de la marche vers plus de bien-être. C'est au même moment, durant la décennie 1970, que le monde a dépassé le seuil de consommation soutenable du capital naturel de la planète, mesuré par l'indicateur d'empreinte écologique développé par le WWF.

La concomitance de ces deux événements est très significative, car elle indique que, depuis quarante ans, nous avons basculé dans un monde qui ne renouvelle plus les conditions de son capital naturel – et qui est donc absolument insoutenable, mais aussi profondément insatisfaisant sur le plan humain. Voilà des éléments que je pense fondamentaux pour comprendre la fameuse « crise » dans laquelle nous nous trouvons depuis cette date.

L. B. : Nous devons en effet pouvoir disposer des informations pertinentes pour juger de la qualité de notre développement, en termes de bien-être comme de soutenabilité. Et cela suppose de forger des indicateurs alternatifs au PIB. La CFDT s'est investie dans cette réflexion dans le cadre des travaux menés par le Conseil économique, social et environnemental et France Stratégie. Ces nouveaux indicateurs de richesse peuvent nous aider à refonder un discours sur les finalités de l'économie.

J'ai été élevé dans le rejet de la société de consommation, dans l'idée que ce ne sont pas les biens qui rendent heureux, etc. Mais ce discours a certainement atteint ses limites : on ne peut pas demander aux gens d'adhérer à un projet négatif, surtout s'il est sous-tendu par une forme de jugement moral. Ce qui doit être recherché, c'est le bien-être – un bien-être partagé et durable. Une meilleure qualité des biens matériels que l'on consomme, mais aussi une meilleure qualité de vie et de liens, une action sociale efficace, un effort porté sur la santé, l'éducation, les loisirs et l'ensemble des services sociaux.

Ph. F. : Au fond, vous affirmez qu'on peut rendre l'économie plus soutenable tout en développant le bien-être : il y aurait une convergence possible entre produire moins et vivre mieux. Mais cela suppose de se donner d'autres objectifs partagés.

P. C. : Les sociétés qui sont en train de mener pour de vrai cette transition écologique, à commencer par les pays scandinaves, avec des objectifs de 100 % d'énergies renouvelables, un développement des mobilités douces, etc., comptent aussi parmi les plus égalitaires au monde, avec un haut niveau de redistribution. Inversement, une société qui accepte des niveaux d'inégalité extrêmement forts, comme aux États-Unis – où l'essentiel de la croissance est capté par une très faible minorité, où l'espérance de vie des 1 % les plus pauvres est équivalente à celle du Soudan –, est également une société qui a du mal à imaginer une autre voie que celle de la consommation à tous crins.

Or, pour engager la transition, il faut accepter l'idée que nous sommes tous dans le même bateau. Et ce qui est vrai pour l'humanité partageant la planète doit évidemment l'être tout autant au sein de nos pays, de nos régions et de nos villes. Aux États-Unis, quand on compare les 10 % les plus riches et les 10 % les plus pauvres, il est clair qu'ils ne sont pas du tout dans le même bateau : ils ne se côtoient jamais, ils ont des intérêts totalement divergents. Les plus pauvres ne votent pratiquement jamais, ils ne sont donc même plus une menace pour les riches !

Vivre dans une société fortement inégalitaire diminue l'appétence pour régler les problèmes communs, que ce soit par des politiques publiques ou par la réorientation des comportements individuels dans un sens plus soutenable. Il existe donc un lien clair entre la transition écologique et la réduction des inégalités. La transition est à la fois une aventure individuelle et une aventure collective, et celle-ci nécessite un collectif qui fasse vraiment société.

Ph. F. : Ce qui implique que chacun ait conscience du fait que son bien-être individuel ne passe pas prioritairement par une quête de différenciation *via* la consommation. Ce sont aussi des visions différentes de la réussite qui s'opposent.

P. C. : La question fondamentale est bien celle du système de valeurs dominant. Une société ne se transforme profondément que lorsque son système de valeurs change. Si notre projection de soi dans la société passe uniquement par la consommation de biens matériels ostentatoires, nous ne ferons jamais la transition ! Ce modèle est insoutenable, car il repose sur une consommation de matières et d'énergie qui dépasse ce que notre planète peut produire. C'est pourquoi il faut transformer notre système de valeurs, en remettant la consommation matérielle à sa juste place, et développer les liens sociaux, marchands comme non marchands. Sans pour autant nier le besoin qu'éprouve l'être humain de se comparer à son semblable. Nous savons depuis Aristote que « l'homme est un animal politique ». La société de consommation lui offre à chaque instant la possibilité de se mesurer aux autres. Savoir répondre à ce besoin anthropologique dans une société libre, mais dont la sociabilité première ne passe pas par l'accumulation de biens, est un enjeu majeur.

Ph. F. : D'autant que l'être humain est un être culturel et que sa façon d'être passe aussi par l'avoir. L'enjeu n'est donc pas de renoncer à la consommation, mais de la remettre à sa place en sortant de la démesure actuelle.

P. C. : Au fond, la question est de savoir ce qui nous différencie de l'autre socialement : ce que l'on exhibe pour afficher son statut social ou ce dont on est fier. Est-ce brandir sa Rolex ou être fier de marcher ses dix mille pas par jour afin de rester en bonne santé ? Est-ce exhiber son 4x4 dans les rues de Paris ou être fier de ne pas posséder de voiture et d'en partager une qui consomme 2 l/100 km ?

Cette logique de fierté est fondamentale. Mais celui qui doit parcourir 50 km par jour pour aller travailler en milieu périurbain prendra sa voiture, même s'il n'en est pas très fier. Nous touchons ici aux deux dimensions clés de la politique de la transition écologique : elle doit, d'une part, contribuer à transformer le système de valeurs et, d'autre part, proposer des solutions concrètes pour un quotidien neutre en carbone – un quotidien où la voiture individuelle est devenue l'exception et non la règle, où il est facile d'emprunter un véhicule autonome électrique en grande banlieue pour rejoindre une gare de transports en commun sûrs et efficaces, etc.

L. B. : Donnons-nous aussi les moyens de rendre visible et d'amplifier ce qui existe déjà. Les évolutions s'inventent au quotidien dans les territoires. Les citoyens n'ont pas attendu que leurs dirigeants « éclairés » leur ouvrent les yeux. Retour du compost, circuits courts, vitalité des réseaux d'entraide, stop-pub, covoiturage, mobilités douces, jardins partagés et nature en ville : consommer autrement, c'est aussi de nouvelles façons de s'organiser, reposant sur la mutualisation et l'entraide, et c'est déjà une réalité. On aurait tort de penser que la population est rétive à l'écologie, qui serait vécue comme un luxe, et qu'il faudrait simplement se poser la question de la pédagogie pour faire accepter des choix décidés sans débat.

Dans les entreprises, la CFDT négocie des accords sur le télétravail et des « plans de déplacement entreprise ».

Dans les territoires, elle pousse à la création de tiers lieux[4] et d'espaces de *coworking*. Ces négociations ne sont pas anecdotiques, elles démontrent qu'il est possible de repenser l'articulation entre vie professionnelle et vie familiale en limitant les transports ou en les organisant mieux, tout en maintenant des collectifs physiques de travail à distance, nécessaires pour éviter l'isolement.

P. C. : Il ne faut surtout pas opposer les échelles et les acteurs. Il faut, bien sûr, de l'action et de l'innovation citoyennes. Mais, pour changer d'échelle, il faut également des politiques publiques permettant le déploiement partout de ces innovations. Inversement, des politiques publiques qui ne s'inspireraient pas de ces initiatives citoyennes seraient purement bureaucratiques, à côté de la plaque et finalement inefficaces. D'ailleurs, nous attendons toujours, en France, une grande loi favorisant l'innovation sociale et territoriale, libérant ces énergies et permettant aux citoyens de faire – plutôt que l'État fasse à leur place. Combien d'enseignants ont testé des méthodes pédagogiques alternatives et se trouvent bloqués par le caractère pyramidal et encore beaucoup trop monolithique de l'Éducation nationale ? L'État ne fait pas assez confiance à la société, ni les hauts fonctionnaires aux cadres présents dans les territoires. Cela représente une perte d'énergie et d'efficacité considérable.

Ph. F. : Sans imaginer un repli irréaliste sur l'espace national, on peut aussi relocaliser en partie l'activité économique.

4. Les tiers lieux (en référence aux deux principaux que sont le domicile et le travail) sont des espaces où les individus peuvent se rencontrer, se réunir et échanger de manière informelle.

P. C. : Rendre l'économie soutenable suppose de tirer la mondialisation vers le haut[5], mais cela n'interdit pas de relocaliser de nombreuses activités. Soyons clairs, cependant : c'est vendre du rêve que de laisser croire qu'on va tout relocaliser. En revanche, on peut parfaitement relocaliser un certain nombre de productions dans le domaine agroalimentaire. Et nos dépenses auront demain un contenu local plus important si nous consommons plus de services personnels et moins de produits industriels, si l'économie produit moins de biens et plus de liens... Donc, oui, la relocalisation d'une partie de l'économie est une voie à suivre.

L. B. : En matière de lutte contre le changement climatique, l'une des premières choses à faire est de réduire les transports de marchandises ainsi que leur empreinte carbone. Et quelle meilleure façon d'y parvenir que de produire près des lieux de consommation ? Bien entendu, il n'est ni possible ni pertinent de chercher une forme « d'autosuffisance » en fabriquant tous les biens nécessaires sur un même territoire, mais nous gagnerions à développer aussi souvent que possible de nouvelles formes de production de proximité, en capitalisant sur nos savoir-faire, la qualité de nos infrastructures et une main-d'œuvre bien formée.

Certes, la mise en pratique n'est pas si évidente. Si le coût des énergies carbonées augmente à l'avenir (ce qui est nécessaire pour que les acteurs économiques intègrent la contrainte climatique), le risque est qu'on délocalise la production la plus intense en énergie. Ce serait d'une immense hypocrisie et une bêtise en termes de stratégie économique. Surtout, cela n'aurait aucun effet sur la

5. Voir chapitre 4.

préservation du climat : nous afficherions une réduction de notre consommation d'énergie uniquement parce que nous importerions les produits concernés ! Il faut vraiment se poser la question de la division internationale de la consommation d'énergie, et envisager sa diminution sur l'ensemble de la chaîne de production et de sous-traitance. Un mécanisme européen d'ajustement carbone aux frontières, par exemple, serait un premier pas.

Par ailleurs, pour relocaliser la production, il faut se saisir de la logistique et des *hubs* de transport, et réussir leur insertion dans la ville. Depuis quinze ans, des communes comme Dourges (62) ou Cavaillon (84) accueillent des pôles multimodaux d'ampleur qui permettent de fluidifier les flux de marchandises et d'en abaisser le coût, ce qui favorise l'implantation d'activités sur ces territoires. Mais les questions logistiques ne s'arrêtent pas là. La réflexion sur la chaîne complète de livraison est encore balbutiante. Comment fera-t-on pour articuler le transport international et la livraison de chaque habitant qui commande par Internet en évitant de multiplier le recours à des transports polluants ?

Ph. F. : En fin de compte, vous défendez une nouvelle vision du progrès qui entend répondre à la crise dans toutes ses dimensions : écologique, économique, sociale et démocratique.

L. B. : Oui. On a un peu oublié que le progrès pouvait avoir une connotation tout autre que matérielle ou technologique. Quand les penseurs des Lumières parlaient de progrès, c'était pourtant à un progrès d'ordre moral et intellectuel qu'ils faisaient référence ! Or, nos sociétés se sont construites sur une confusion entre progrès et croissance matérielle – une confusion bien commode, il est vrai. Le modèle fordiste – reposant sur une production standardisée, une consommation de masse et la protection sociale – avait plusieurs avantages : il était stable, protecteur, assurant à chacun qu'il pourrait s'enrichir. Il promettait l'égalité... Puis tout a volé en éclats. Le capitalisme fordiste craque de toute part.

Je n'ai aucune nostalgie de cette société-là : elle était rigide, dominatrice, machiste. Elle s'accommodait assez bien de régimes autoritaires et du colonialisme. Finalement, c'est seulement dans l'espace public – et encore, au moment du vote – que le citoyen avait son mot à dire. Pour le reste, dans l'entreprise et parfois au sein de son foyer, dans la conduite de sa vie, d'autres pouvaient prétendre décider pour lui.

Les gens n'ont plus envie qu'on leur dise ce qui est bon pour eux. La soif de participation, par le débat, l'interpellation, l'action collective, etc., est quand même la bonne nouvelle de la drôle d'époque que nous vivons. Mais la faille béante est que les systèmes de protection du passé sont de moins en moins opérants, et le thème de l'insécurité se décline à l'infini avec la fameuse peur du déclassement.

Notre travail est bien de reconstruire tout cela : de nouvelles solidarités qui couvriront les nouveaux risques, de nouvelles réponses aux nouveaux besoins, de nouvelles chances pour tous. La promesse égalitaire ne doit pas être jetée avec l'eau des Trente Glorieuses. Seulement, aujourd'hui, elle doit endosser une dimension autre : donner aux individus les clés de leur parcours individuel, de leur destin collectif... et de celui de leur planète.

Chapitre 2
LA TRANSITION ÉCOLOGIQUE N'EST PAS L'ENNEMIE DE L'EMPLOI

Philippe Frémeaux : Les écologistes sont souvent accusés de défendre la nature au détriment de l'activité économique, et donc de l'emploi, tandis que les syndicalistes, à l'inverse, seraient insensibles aux enjeux écologiques, tout occupés qu'ils sont à défendre l'emploi à tout prix. Une opposition simpliste ?

Pascal Canfin : Je ne pense pas qu'il y ait nécessairement opposition entre le mouvement syndical et le mouvement écologiste. En effet, les deux ont de multiples racines communes. Ainsi, de nombreux militants écologistes, en France, sont passés par les mouvements de jeunesse catholiques au cours des décennies 1960 et 1970. Et on peut faire le même constat au sein du syndicalisme, particulièrement à la CFDT. Le Parti socialiste unifié (PSU), né en 1960 à l'initiative notamment de Michel Rocard, a également été une matrice commune pour des militants écologistes et plusieurs cadres de la CFDT. Et, s'il existe effectivement des points historiques de désaccord entre les écologistes et certaines familles syndicales, c'est que le syndicalisme est divers, de la même manière que l'écologie est diverse ! Il serait donc caricatural d'affirmer qu'il existe deux histoires conflictuelles qu'il faudrait rapprocher aujourd'hui.

Ainsi, la question majeure du rôle social du travail, de sa place dans nos vies, qui a débouché dans les années 1990 sur un mouvement de réduction du temps de travail dans de nombreux pays européens (Italie, France, Allemagne, Belgique et Pays-Bas), a été posée aussi bien par le mouvement syndical que par les milieux écologistes. Car l'un et l'autre portaient la même critique du productivisme, la même revendication d'une plus grande liberté et d'une meilleure autonomie pour les salariés.

C'est pourquoi il ne faut pas céder à cette vision binaire opposant des syndicalistes qui défendraient l'emploi à tout prix, sans autre préoccupation, et des écologistes qui s'en désintéresseraient au nom de la défense de l'environnement.

Ph. F. : À ceci près que le mouvement ouvrier, durant toute son histoire, s'est battu – et à juste titre – pour que les travailleurs obtiennent leur part du progrès et accèdent progressivement aux normes de consommation et au mode de vie des plus aisés. Sachant qu'en parallèle il y a aussi eu des combats pour travailler moins et améliorer les conditions de travail. Mais ces combats émancipateurs sont demeurés inscrits, et c'est encore le cas aujourd'hui, dans une logique productiviste, au nom du pouvoir d'achat et de l'emploi, car la croissance apparaît encore, à tort ou à raison, comme le meilleur moyen de faire baisser le chômage.

Laurent Berger : Mais les combats émancipateurs du mouvement ouvrier n'ont pas pris une direction uniforme : le syndicalisme, aujourd'hui comme hier, n'est pas un bloc monolithique ! Certes, les préoccupations liées au pouvoir d'achat et au développement de l'emploi sont légitimement au cœur de nos revendications. Cependant, la CFDT n'a pas abordé les questions de croissance et d'environnement de la même façon que d'autres organisations syndicales.

Ainsi, la vision linéaire de l'histoire portée par le communisme – qui misait tout sur le développement sans limites de l'industrie lourde, si polluante soit-elle, sans trop s'interroger sur les finalités de l'activité économique ni sur l'organisation du travail – n'a jamais été la nôtre.

Dès l'origine, les revendications de la CFDT ne se sont pas cantonnées au partage de la richesse créée. Nous voulions aussi une réflexion d'ensemble sur l'activité économique et la prise de décision. Qu'est-ce qui mérite d'être produit ? Comment le produit-on ? Avec quels effets sur la société ? Toutes ces questions nous semblaient devoir être débattues dans un cadre démocratique. En 1977, nous avons publié un ouvrage collectif intitulé *Les Dégâts du progrès*, qui a fait grand bruit. À partir d'exemples concrets, nous mettions en lumière les conséquences de la croissance sur la santé et sur les conditions de travail et de vie des salariés, ainsi que l'effet des pollutions, au moment où d'autres négociaient des primes en acceptant implicitement que l'on sacrifie la santé au travail.

Aujourd'hui encore, nous pensons que l'émancipation des travailleurs implique qu'ils obtiennent leur part des gains de productivité – cette dimension est importante, sauf à accepter une explosion des inégalités. Mais il faut aussi considérer l'entreprise à hauteur d'homme, en observant ce que les rapports de production impliquent en termes de rapports humains, de santé, de choix démocratique, d'injustice, d'exclusion sociale… et naturellement de relation à la nature.

Ph. F. : Une mise en évidence des liens entre questions technologiques, organisation du travail et conséquences sur le bien-être des salariés.

L. B. : Oui, d'autant plus qu'il nous est apparu très vite que les salariés les plus fragiles étaient aussi les plus exposés aux effets néfastes du productivisme. Dès les années 1960, sous l'impulsion de militants comme Albert Détraz, on a commencé à prendre en compte le fait que l'exposition à la pollution était inégale selon que l'on était ouvrier ou cadre. Ainsi, lutter contre la pollution devenait un enjeu de justice sociale.

C'est un fait : la dégradation de l'environnement pénalise d'abord les personnes les plus socialement défavorisées. En plus d'être davantage exposées aux nuisances et aux risques dans leur activité professionnelle, elles habitent souvent dans des endroits où elles subissent la pollution, le bruit, des mobilités contraintes, etc. – une sorte de double peine. La bonne nouvelle, c'est qu'on peut donc engager des politiques publiques ayant un double objectif : lutter contre les inégalités et préserver l'environnement – souvent même en créant des emplois. Par exemple, désenclaver les quartiers populaires avec des transports collectifs efficaces qui évitent le report vers la voiture, ou encore lutter contre la précarité énergétique en aidant financièrement les ménages pour la rénovation de leur logement.

Au niveau syndical, dans de nombreux cas, le combat pour la qualité des emplois et la qualité de vie au travail rejoint le combat pour la préservation de l'environnement – parce que les atteintes à l'environnement sont aussi des atteintes aux intérêts des travailleurs. Ainsi, à partir des années 1970, dans un contexte marqué par des catastrophes sanitaires, industrielles et maritimes, la CFDT a beaucoup travaillé sur les questions d'exposition aux risques professionnels et de santé au travail : cancers professionnels, amiante, enjeux liés à la sécurité maritime, lutte contre l'utilisation du chlordécone aux Antilles – un insecticide dont l'usage a fait d'immenses dégâts humains et a rendu inexploitables de nombreuses terres en Martinique et en Guadeloupe –, etc. Nous sommes souvent montés au créneau pour dénoncer les risques que de mauvaises conditions d'emploi (comme l'usage abusif de la sous-traitance et des contrats courts, le dumping social ou une mauvaise application des règles de précaution) faisaient peser sur la sécurité de la filière nucléaire ou du transport maritime. Et, quand on se bat pour réduire les seuils d'exposition des salariés aux particules fines dans les transports en commun, comme l'a fait la fédération CFDT Transports et Environnement, on fait progresser et la qualité de l'air et la santé des travailleurs.

Ph. F. : La convergence avec le mouvement écologiste tient au fait que vous avez rapidement développé une conception globale du syndicalisme, allant au-delà du travail pour s'étendre à l'ensemble de la vie quotidienne.

L. B. : Il y avait à la CFDT, dès l'origine, une volonté de considérer le salarié dans toutes les dimensions de sa vie : citoyen, consommateur, habitant… Dans cette perspective, défendre les travailleurs, c'était aussi prendre en compte la qualité de leur environnement et porter une vision de l'intérêt général. Dans les années 1970, à l'époque où la CFDT était « autogestionnaire », nous avons forgé la notion de « cadre de vie », qui établissait un lien entre l'espace de travail et le territoire. Nous dénoncions alors le fait que ce cadre de vie soit uniquement modelé pour répondre aux intérêts de la production industrielle ou pour inciter à la consommation. Dans les usines, nous voulions associer les salariés aux choix productifs et, dans les territoires, redonner la parole aux habitants sur les dynamiques d'aménagement de l'espace.

En replongeant dans nos archives pour préparer ce livre, j'ai retrouvé de nombreux exemples de mobilisations de militants CFDT sur les territoires en partenariat avec des associations environnementales ou des collectifs d'habitants : dans la vallée du Rhône pour contester la construction d'infrastructures de transport superflues qui auraient détruit la sociabilité populaire, à Guérande contre une route à grande vitesse traversant les marais salants qui aurait nui à l'écosystème et au développement économique, etc.

Au-delà de ces collaborations ponctuelles, les relations entre la CFDT et le mouvement écologiste se caractérisent par une convergence assez forte sur le développement durable, le contenu de la croissance ou la critique de la consommation de masse. Nous avons eu – et avons encore – de nombreux combats communs et parfois des relations partenariales avec de grandes ONG et associations environnementales, de droits humains ou de protection des consommateurs. Nous sommes très investis dans les travaux autour de la transition énergétique ou dans des mouvements comme le collectif « Éthique sur l'étiquette », qui milite sur les enjeux sociaux mais aussi environnementaux de la mondialisation. Et nous sommes également très actifs pour faire voter la loi sur le devoir de vigilance des multinationales au sein d'un collectif qui associe de nombreux acteurs de la société civile[6].

Ph. F. : Sauf qu'en pratique, sur le terrain, écologistes et syndicalistes ne sont pas toujours dans le même camp.

---

6. Voir chapitre 4, p. 128.

P. C. : Le débat est encore trop souvent posé en opposant, d'une part, le développement industriel, l'emploi, la compétitivité, etc. et, d'autre part, les normes environnementales, le respect de la biodiversité, la lutte contre le changement climatique, la transition énergétique, considérés comme autant de contraintes. Tant qu'on reste dans ce cadre – et que ce cadre continue à exister –, les discussions entre les syndicats majoritaires de la centrale nucléaire de Fessenheim et le mouvement écologiste sont nécessairement compliquées. De même, en Allemagne, on a vu une partie des syndicats s'opposer à la fermeture des mines de charbon au nom de l'emploi, alors même qu'il y a déjà dans ce pays bien plus d'emplois dans les énergies renouvelables que dans le charbon. Mais les industries charbonnières sont de vieux bastions du mouvement syndical, alors que celui-ci est bien moins implanté dans les nouvelles énergies.

Il existe donc une vraie tension, il serait absurde de le nier. Toutefois, en même temps, de plus en plus de personnes s'interrogent : le meilleur service à rendre aux salariés concernés consiste-t-il à défendre l'existant coûte que coûte ou à penser les voies d'une transition juste ? Tout l'enjeu est bien de concevoir une transition environnementale qui s'accompagne des protections nécessaires.

L. B. : Je suis d'accord, mais concilier écologie et emploi suppose aussi que les écologistes acceptent de mettre la question sociale au cœur du processus de transition écologique. Or, ce n'est pas toujours le cas. Quand la question se pose de fermer ou non tel site ou telle entreprise, une organisation syndicale qui défend les femmes et les hommes au travail a forcément un regard et une action qui diffèrent de ceux d'une ONG environnementale. Mais notre souci n'est pas tant de maintenir l'activité à l'identique que d'éviter à tout prix le gâchis humain : ne pas perdre les savoir-faire collectifs de cette entreprise qui pourraient être employés dans d'autres activités durables, et permettre à chacun de rebondir. On ne peut pas seulement aller voir les travailleurs en leur expliquant que leur activité – dans laquelle ils se sont investis et pour laquelle ils ont eu à faire des choix parfois difficiles – doit disparaître ! Si l'on convient qu'un secteur industriel est condamné à terme, avant d'envisager des fermetures d'usine, il faut mettre en place les dispositifs pour sécuriser et accompagner les salariés concernés.

La question, c'est le rythme des ajustements nécessaires. La transition écologique doit être un chemin, pas une rupture brutale. Il faut considérer les choses au cas par cas et à hauteur d'homme. Il en est de même pour les choix technologiques.

Ph. F. : De quelle façon ?

L. B. : La technologie n'est ni une fin en soi ni un mal. On a parfois l'impression que, sur ce sujet, des querelles stériles écrasent tout. Il faudrait soit être favorable par principe à toute invention, soit renoncer au progrès au nom du principe de précaution. Or, ce qui compte, ce sont les rapports sociaux et le progrès humain que la technologie contribue à faire naître. La question politique, c'est moins la technologie elle-même que ses usages et ses impacts. C'est là-dessus que nous devrions avoir des débats. Dès lors, on peut regretter l'attitude de certains écologistes qui refusent systématiquement toute recherche technologique. Ainsi, la section CFDT de l'Inra (Institut national de la recherche agronomique) avait plutôt mal vécu la destruction de champs d'études sur les OGM. Nos militants ne sont pas spécialement favorables aux organismes génétiquement modifiés, mais ils estimaient qu'on a le droit de les étudier et d'évaluer leurs impacts.

En somme, nous essayons d'adopter des positions équilibrées. Nous refusons de produire n'importe quoi sous prétexte que cela accroît le PIB, mais cela ne nous conduit pas à rejeter toute technologie nouvelle en affirmant qu'elle serait dangereuse par principe, au motif qu'on ne peut en connaître l'ensemble des effets. Il s'agit avant tout de gérer démocratiquement la complexité et l'ambivalence attachées à ces questions, d'écouter chacune des parties prenantes et de sortir d'une vision binaire du monde.

Ph. F. : Cependant, notre capacité à juger des risques est souvent limitée ou biaisée, en raison d'un défaut de pluralisme de l'expertise ou de conflits d'intérêts chez les experts.

L. B. : C'est vrai, et c'est ce qui fait que la démocratie environnementale est un défi. Sur des sujets très techniques dont les conséquences ne sont pas réellement tranchées, associer les citoyens aux décisions est une démarche exigeante, qui prend du temps et demande de vrais efforts d'information, de formation et de débat.

Au-delà des possibles failles de l'expertise, le débat public souffre aussi du fait que les positions des uns et des autres sont trop souvent guidées par le dogmatisme. Quand les enjeux sont « hystérisés » et que, de surcroît, on manque de cap politique, il est difficile d'y voir clair. Le cas du projet d'aéroport de Notre-Dame-des-Landes est symptomatique. À la CFDT, nous souhaitions évidemment qu'un débat public sérieux et apaisé ait lieu – l'idée n'étant pas d'arriver à un consensus, car, sur ce genre de sujet très clivant, il est rare d'y parvenir. Non : le vrai intérêt d'un débat public, c'est d'informer les citoyens et de leur permettre de s'exprimer afin que le décideur public dispose des arguments et des positions de toutes les parties prenantes, qu'il puisse identifier les éléments de consentement et d'opposition, ainsi que la volonté de la majorité. En fin de compte, il est de la responsabilité du politique de prendre une décision claire et ferme, qu'il s'agisse de valider, d'invalider ou de réorienter son projet initial. Malheureusement, il a beaucoup tardé dans ce dossier vieux de cinquante ans, et ses atermoiements ont conduit à durcir les positions des uns et des autres. La consultation locale, si elle était nécessaire pour sortir de l'enlisement, est arrivée un peu tard ; en outre, le périmètre retenu était discutable.

Un autre sujet suscite une opposition forte : le projet Cigéo d'enfouissement de déchets nucléaires à Bure (55). Or, jusqu'à présent, je n'ai pas entendu une seule proposition alternative concrète de la part des militants écologistes. Pourtant, nous avons des centrales en France, nous produisons de l'énergie nucléaire depuis des décennies et, même si nous décidions d'en sortir demain, la question de la gestion des déchets continuerait à se poser encore longtemps. Cigéo présente une solution technologiquement bien plus sécurisante que le mode de stockage actuel : c'est une réelle amélioration, et c'est pour cela que la CFDT y est favorable sous certaines conditions. Il est important de procéder à un développement progressif et réversible, avec une étape « pilote » et des types et quantités de déchets radioactifs limités. La poursuite d'un dialogue ouvert et transparent ainsi qu'un mode de gouvernance du stockage incluant les riverains et les salariés sont évidemment indispensables.

P. C. : Ce que je trouve incroyable, au sujet de l'enfouissement, c'est que la filière nucléaire n'ait toujours pas réglé la question du traitement des déchets ultimes, cinquante ans après le lancement des premiers réacteurs ! On touche là au caractère exceptionnel du nucléaire, qui est la seule activité à léguer des déchets dont la durée de vie va jusqu'au million d'années. La réalité est qu'il n'y a pas de bonne solution pour traiter des déchets d'une telle nature, tout simplement parce qu'il ne peut y en avoir à cette échelle.

De manière générale, je suis d'accord avec Laurent quand il dit qu'il faut tenir compte de la complexité des enjeux. Mais c'est justement dans un monde complexe qu'il faut avoir un cap. Si l'on cherche, c'est que l'on veut trouver. Or, quand les budgets des États sont contraints, il est d'autant plus nécessaire d'être sélectif avec l'argent public et de l'orienter vers les innovations et les équipements que l'on veut soutenir. Dépenser de l'argent public, donc nos impôts, dans un nouvel aéroport international alors que l'actuel, d'après les estimations récentes, ne sera jamais saturé, pour ne prendre que cet exemple, c'est gaspiller des ressources rares dans un projet inutile ! La transition, cela consiste aussi à faire des choix et à les assumer.

Ph. F. : D'autant plus qu'il nous faut développer de nouvelles solutions technologiques pour mener à bien la transition dans les domaines énergétique, agricole, etc. Reste à ne pas donner à croire qu'on pourrait continuer à être dans le *« business as usual »* en comptant sur le fait que, le moment venu, la technologie nous permettra de tout résoudre.

P. C. : Aujourd'hui, ne rien faire en pariant qu'un jour nous trouverons une technologie miracle qui réglera le problème, c'est absurde et irresponsable. Nous disposons désormais d'une grande partie des technologies nécessaires pour mener à bien la transition énergétique. Bien sûr, il y a encore des défis importants à relever : améliorer l'électrolyse pour obtenir de l'hydrogène à partir d'électricité produite de manière renouvelable, afin d'avoir une chaîne de production d'énergie décarbonée ; baisser le coût des batteries pour permettre le stockage des énergies intermittentes, même si ce coût ne cesse déjà de diminuer ; baisser le coût des technologies qui pourraient utiliser le carbone comme une ressource et non plus comme un déchet, etc. Mais nous avons déjà suffisamment de technologies qui n'en sont plus au stade du laboratoire pour agir massivement, en les déployant à grande échelle. Des mesures simples contribueraient d'ailleurs à accélérer le progrès technologique : si, par exemple, on donne un prix au carbone en réformant vraiment le marché européen du carbone, cela bénéficiera directement aux technologies décarbonées actuelles mais aussi aux technologies futures, pour lesquelles il y aura un appel d'air.

Ph. F. : Ni technophile ni technophobe, donc, et vous refusez d'opposer écologie et technologie.

P. C. : On meurt de cette politique du « ou » : c'est soit le global, soit le local ; soit la technologie, soit le low-tech ; soit le public, soit le privé... Et on relance à chaque fois des guerres de chapelle. Comme le dit le philosophe Edgar Morin, il faut passer d'une philosophie du « ou » à une philosophie du « et ». Il n'y a pas une seule solution qui s'imposera à tous. Il faut une pluralité des modes d'action, à condition qu'un cap soit clairement fixé. Ensuite, c'est l'addition des échelles d'action qui fera qu'on sera à la hauteur de l'enjeu.

Il faut à la fois du local et du global, c'est-à-dire rendre soutenables les chaînes de valeur mondialisées des entreprises multinationales et, dans le même temps, relocaliser une partie de l'économie. Il faut à la fois du high-tech et du low-tech : utiliser le potentiel de la révolution numérique pour transformer nos modes de production et de vie (réseaux intelligents et décentralisés, domotique au service de l'efficacité énergétique et de la baisse de nos consommations, transports à la demande dans des voitures électriques sans chauffeurs, etc.) afin de rendre possible ce qui ne l'était pas avant (et je trouve que les écologistes sont parfois trop « anti-technicistes » par principe, alors que la maîtrise du progrès technique fait partie intrinsèque de l'histoire de l'humanité) et savoir revenir à des choses simples grâce au low-tech. Mais ce low-tech peut aussi incorporer beaucoup d'intelligence humaine quand nous parvenons à mobiliser des savoir-faire naturels, comme l'illustre la permaculture, par exemple.

Le mot « technologie » est un peu trompeur, dans la mesure où il renvoie à un outil fabriqué par l'homme, alors qu'il peut recouvrir aussi la compréhension du fonctionnement des écosystèmes naturels. Ainsi, la permaculture ne fait que reprendre en l'optimisant la façon dont la nature fonctionne, ce qui fait qu'une espèce va protéger l'autre en l'abritant des rayons du soleil, en éloignant tel ou tel prédateur, etc. Et tout cela permet d'aller vers une agriculture écologiquement intensive qui obtient des rendements exceptionnels sans pesticides.

La représentation dominante, dans l'agriculture, a considéré que les écosystèmes naturels avaient vocation à être détruits et remplacés par de la monoculture, en rasant les haies, en considérant la vie du sol davantage comme un problème que comme une ressource, avec pour résultat sa stérilisation progressive. Aujourd'hui, nos sols sont devenus des matières mortes. La convention « désertification » de l'ONU considère que la terre bretonne est un désert car, sans intrants chimiques, elle ne produit plus rien. On a détruit le vivant, et l'agriculture se transforme en une industrie hors-sol, puisque le sol n'existe plus en tant que tel. Et, pour restaurer la productivité de cet écosystème qu'on a tué, on est obligé d'employer énormément d'intrants qui coûtent très cher aux agriculteurs et qui sont très carbonés. On marche sur la tête !

On voit bien, avec ces quelques exemples, que, pour relever le défi qui est devant nous, nous avons besoin de ce mélange de global et de local, de high-tech et de low-tech. Nous avons besoin d'action privée dans toute sa diversité, englobant l'économie sociale et solidaire, les entrepreneurs sociaux et les sociétés de capitaux, mais aussi d'une action publique, d'un État à la fois stratège et investisseur, parce qu'aucune révolution industrielle ne s'est faite sans argent public. Internet, pour prendre le dernier grand exemple en date, est né d'investissements publics, et notamment des travaux menés par la Darpa (Defense Advanced Research Projects Agency, structure de soutien à la recherche du département de la Défense des États-Unis), dans une société pourtant aussi libérale que les États-Unis et dans le contexte reaganien des années 1980. Le secteur public crée les conditions de la rentabilité des investissements futurs, puis la société s'approprie une technologie, transforme ses usages, et on observe alors un déploiement de masse additionnant les forces du public et du privé.

Il faut aussi un État régulateur qui fixe des normes, comme on l'a vu dans le bâtiment. Et enfin un État collecteur d'impôts sur les revenus des plus riches et les bénéfices des multinationales. Car, contrairement à ce que croient les plus libéraux, la richesse créée ne l'est pas uniquement par les acteurs privés et, si l'un des rôles de la puissance publique est justement de permettre aux investissements privés de se déployer, elle doit aussi prélever une part des bénéfices associés à ces résultats pour financer de nouvelles politiques publiques.

Ph. F. : On mesure à ces exemples que les nouveaux systèmes productifs à mettre en œuvre s'appuient sur l'innovation et les progrès de la connaissance, et que leur développement suppose une bonne articulation entre acteurs privés et publics. Mais il faut aussi que ces transformations soient appropriées socialement.

L. B. : L'innovation est un levier de la transition, c'est une évidence. Mais elle n'est rien sans les pratiques qui vont avec. Les réseaux intelligents aident à mieux maîtriser les consommations d'énergie, et certains procédés technologiques permettent d'optimiser la production et le recyclage des produits. Mais, si je refais toute l'isolation thermique de ma maison et qu'après je me chauffe en laissant les fenêtres ouvertes, ou si j'achète un produit recyclable mais que je le jette dans le bac à ordures ménagères classiques, cela n'aura servi à rien ! C'est pour cela qu'il faut d'abord penser aux effets de l'innovation dans la vie quotidienne des gens, à la façon dont ils se l'approprient.

On n'ira pas loin non plus si on ne pense pas ensemble innovation technologique et travail. L'innovation interagit avec les processus et les conditions de travail, elle transforme le contenu des métiers autant que les façons de consommer. Les salariés le savent bien : quand on bascule vers le « zéro papier », c'est toute l'organisation quotidienne du travail qu'il faut revoir – les circuits et les modalités de validation, par exemple.

Notre souci, c'est donc l'accès aux nouvelles technologies et leur appropriation collective. La résorption de la fracture numérique devrait être un chantier prioritaire de l'action publique. Il nous paraît aussi indispensable de miser sur le travail en autonomie et la qualité des coopérations dans l'entreprise. Cela implique un effort de formation permanent, indispensable dans une « économie de la connaissance » : les entreprises doivent développer une véritable culture de la formation tout au long de la vie et d'apprentissage en situation de travail.

Ph. F. : Venons-en au sujet qui fâche : la transition écologique est-elle, oui ou non, une menace pour l'emploi ?

L. B. : La meilleure défense de l'emploi, aujourd'hui, consiste précisément à s'engager dans la transition écologique. Souvenez-vous du slogan adopté par la Confédération syndicale internationale pour la COP21, que nous rappelions tout à l'heure : « Il n'y aura pas d'emploi sur une planète morte. » Le mouvement syndical international et européen a forgé la notion de « transition juste ». Avec un message fort : l'emploi ne doit pas être une variable d'ajustement mais bien une condition indispensable à la réussite de la transition écologique. C'est ce qui a conduit la CFDT à mettre en avant la notion d'« économie de la qualité » : c'est-à-dire un modèle productif soutenable qui offre des emplois de qualité.

Le problème, aujourd'hui, c'est que politique écologique, politique industrielle et politique d'emploi et de formation ne sont pas toujours établies en cohérence. Plus l'État tardera à anticiper, plus sera entravée notre capacité à mettre en œuvre un réel pilotage des transitions professionnelles sur les territoires et dans les secteurs professionnels.

Attention, toutefois, à ce que la question de l'emploi n'éclipse pas celle du travail. Concernant la transition numérique, on parle beaucoup – et légitimement – des conséquences sur l'emploi : le solde sera-t-il négatif ou positif ? Il faut tenir un discours de vérité : dans les deux cas, il y aura des emplois détruits, des emplois transformés et de nouveaux emplois créés. Il n'y a aucune raison de craindre un chômage dû à la transition écologique si l'on agit dès aujourd'hui pour reconvertir rapidement les travailleurs menacés vers les secteurs d'avenir. Mais n'oublions pas que c'est aussi le contenu du travail de nombreux salariés, leurs tâches quotidiennes, qui est appelé à évoluer. Une raison de plus pour parler à nouveau du travail.

P. C. : J'ajouterai qu'on peut aussi répondre à la question de l'impact de la transition sur l'emploi en analysant la place de l'Europe dans la mondialisation. Notre continent est aujourd'hui le plus pauvre en richesses naturelles et le plus riche en capital humain. L'avenir de l'industrie européenne réside dans sa capacité à se réinventer afin de fabriquer les biens et de rendre les services nécessaires pour vivre demain dans une économie n'émettant pas plus de carbone qu'elle ne peut en stocker – pour reprendre les termes de l'accord établi lors de la COP21, à Paris, en décembre 2015. L'autre défi auquel sont confrontés les différents secteurs de l'économie est de savoir tirer tout le potentiel du numérique.

Face à cette double révolution – révolution du zéro carbone et révolution numérique –, l'acteur industriel qui réussira dans le monde de demain est celui qui sera capable de se saisir de ces enjeux. Prenons l'exemple de l'industrie automobile européenne. Une des protections dont elle dispose sur son marché domestique face à la concurrence des pays émergents d'Asie, à commencer par les producteurs chinois, réside dans les normes environnementales et de sécurité, que les constructeurs européens maîtrisent. Paradoxalement, le secteur industriel considère trop souvent ces normes comme une contrainte – et l'affaire Volkswagen[7] en a été la caricature – alors que celles-ci, au contraire, sont une condition de sa compétitivité au niveau mondial, dès lors que les fabricants européens disposent des savoir-faire qui leur permettent, s'ils s'en donnent la peine, de concevoir des voitures moins polluantes et plus sûres.

Cet avantage compétitif n'est cependant pas acquis pour l'éternité et suppose d'avancer en permanence. L'Union européenne s'est ainsi trouvée en position de négocier des normes environnementales à la baisse dans un accord commercial avec la Corée du Sud, parce que les constructeurs coréens maîtrisaient mieux que leurs concurrents européens certaines technologies moins polluantes. Aujourd'hui, c'est en Chine et en Californie que se développe massivement la recherche sur les voitures électriques, les batteries et, plus généralement, la voiture de demain (autonome ou non). Ce qui signifie que l'avance en matière de technologies vertes qu'avait acquise l'industrie européenne au cours des dernières décennies est en train de fondre. Déjà, lorsqu'une ville comme Budapest a lancé en 2015 un appel d'offres pour des bus électriques, c'est un constructeur chinois qui l'a emporté. Et cela ne fait que commencer. Nous le regretterons amèrement dans quelques années.

7. La marque avait équipé ses voitures de logiciels minimisant les émissions de gaz polluants lors des tests.

Ph. F. : Cette analyse est-elle partagée par les directions des grands groupes industriels français ?

P. C. : Les choses évoluent plutôt dans le bon sens. La COP 21 a beaucoup aidé à renforcer la prise de conscience qu'un monde à 4 ou 5 °C de réchauffement climatique est un monde où la prospérité n'est tout simplement pas possible. Et ce qui n'était hier qu'un « supplément d'âme » tend à être intégré dans la stratégie d'un nombre croissant d'entreprises. Ainsi, le WWF accompagne des firmes françaises pour définir ce qu'un monde limitant le réchauffement climatique à 2 °C signifie concrètement pour elles en termes de recherche et développement, de mix énergétique, d'investissements, etc. C'est une nouvelle façon d'aborder la question environnementale, en la situant au niveau stratégique, et c'est un progrès.

Il n'en demeure pas moins que trop d'industriels, en France et en Europe, peinent encore à comprendre qu'anticiper les réponses aux défis écologiques est un facteur de compétitivité majeur et non un boulet à traîner. Résultat : nous risquons de nous faire dépasser, alors même que, dans de nombreux domaines, nous étions partis les premiers.

L. B. : La recherche de profits à très court terme est un obstacle à l'anticipation. La toute-puissance d'actionnaires irresponsables conduit à privilégier la maximisation de la valeur boursière sur un horizon très court, au mépris des impacts sociaux et environnementaux, mais aussi au détriment de l'investissement, de l'innovation et, finalement, de la pérennité de l'entreprise. Ce dont nous avons besoin, c'est d'une autre finance, faite d'investissements de long terme, et donc d'un accompagnement des entreprises vers de meilleures pratiques. Cela s'appelle l'investissement socialement responsable, et cela produit de la valeur pour tout le monde.

Les entreprises ont en effet besoin aujourd'hui de deux choses fondamentales : s'adapter à un contexte très changeant et miser bien plus qu'avant sur leur insertion dans leur territoire. Les entreprises les plus résilientes aux changements sont celles qui sont engagées localement et globalement, qui impliquent leurs salariés, respectent la nature et produisent de la cohésion en interne comme avec les autres parties prenantes. Ce sont donc celles qui ont fait de la responsabilité sociale et environnementale un axe fort de leur stratégie. En choisissant d'investir dans de telles entreprises, on fait à long terme de très bonnes affaires. Il n'y a pas de « main invisible », juste un constat : en exigeant des pratiques d'investissement responsable, tout le monde y gagne.

P. C. : Mais nous ne pourrons pas avoir une économie responsable si nous avons une finance irresponsable. La finance est un métier extraordinaire qui fait le lien entre le court et le long terme, entre le présent et l'avenir. En théorie, en tout cas, car, aujourd'hui, la finance fonctionne à rebours de sa fonction sociale. Ce fait est peu connu mais, aux États-Unis, par exemple, ce sont les entreprises qui apportent de l'argent à Wall Street, et non l'inverse ! Il y a plus de versements de dividendes aux actionnaires que d'investissements nouveaux financés par la Bourse. La pompe fonctionne dans le mauvais sens.

C'est parce que je suis persuadé qu'il faut mettre fin à la finance-casino pour retrouver une finance qui investit, apporte des capitaux et joue son rôle que je me suis beaucoup engagé dans ce champ lorsque j'étais membre du Parlement européen. D'ailleurs, le seul produit financier interdit par l'Union européenne après la crise de 2008 – les CDS à nu, outil de spéculation contre les dettes des États – l'a été en 2011 dans une négociation que je conduisais au nom du Parlement européen[8].

Ph. F. : Remettre la finance à sa place est donc un chantier prioritaire. Au-delà, à quelles conditions l'écologie est-elle une amie de l'emploi ?

P. C. : Tout dépend de la façon dont on pose l'équation. Si l'on prend pour hypothèse de départ qu'il existe une opposition entre emploi et écologie, entre compétitivité et environnement, alors les politiques cherchent des compromis boiteux et les entreprises font du lobbying en sous-main pour échapper à des normes contraignantes. Si, au contraire, on considère qu'anticiper les adaptations nécessaires est un facteur de compétitivité, un élément de succès, de création d'activité et donc d'emplois, alors il n'y a plus opposition mais, au contraire, convergence. Et le cœur du problème est de penser la transition, notamment en termes d'accompagnement social et de compétences, plutôt que de s'agripper au *statu quo*. Imaginer quels progrès nous pourrions faire si toute l'énergie passée à nier la nécessaire évolution vers l'économie zéro carbone était consacrée à trouver les meilleures façons d'y arriver, savoir quel terme de l'alternative est choisi : voilà les questions posées au monde patronal – mais aussi au milieu syndical.

L. B. : N'en déplaise à Pascal, c'est également une question posée au monde écologiste ! Si on ne place pas la question sociale au cœur de la question écologiste, il

8. Voir Pascal Canfin, *Ce que les banques vous disent et pourquoi il ne faut presque jamais les croire*, Les petits matins, 2012.

n'y a rien à espérer en termes de création d'emplois et de performance économique – et c'est la réussite de la transition écologique qui sera compromise. Malheureusement, trop d'écologistes demeurent conservateurs sur la question sociale.

Ph. F. : Quoi qu'il en soit, la transition écologique entraînera une réelle transformation du système productif. Les syndicats peuvent évidemment s'accorder avec les écologistes pour dire qu'il faut sauver l'humanité des menaces induites par le dérèglement climatique, mais, à court terme, ils ont d'abord vocation à sauver les emplois de leurs adhérents.

P. C. : Nous sommes d'accord : le mandat d'un syndicat est de porter une vision de l'avenir de la société, mais aussi, et sans doute d'abord, de défendre les intérêts de ses adhérents, actifs ou demandeurs d'emploi. Cependant, même de ce point de vue, les organisations syndicales ont toutes les raisons de ne pas s'opposer à la transition écologique. Aller vers l'économie décarbonée, et plus généralement vers une économie tenant compte des limites de la planète (car la question du carbone n'en est qu'une parmi d'autres), n'est pas un frein à l'emploi ni une mauvaise nouvelle pour les chômeurs. On dispose désormais de nombreux travaux, dont certains sont d'ailleurs issus du monde syndical, qui montrent que, plus on avance vers la transition, plus on crée un modèle soutenable et plus on crée des emplois. Je pense notamment à des études de la Confédération européenne des syndicats réalisées en 2009, ou à une autre de l'Organisation internationale du travail, parue juste avant la COP21, en 2015, qui montre qu'un monde où le réchauffement climatique est cantonné en deçà de la limite des 2 °C compte plusieurs dizaines de millions d'emplois de plus qu'un monde qui se refuse à prendre les mesures nécessaires pour limiter les dérèglements.

Au niveau français, l'Ademe (Agence de l'environnement et de la maîtrise de l'énergie) a modélisé en 2016 la transition énergétique vers du 100 % renouvelables et une diminution de la consommation d'énergie conforme aux objectifs de la loi sur la transition adoptée à l'été 2015. Conclusion : ce sont entre 800 000 et 900 000 emplois nets supplémentaires que l'on peut attendre en France de ce virage. Imaginez le pays avec un million de chômeurs en moins ! Cela ne réglerait pas tous les problèmes, évidemment, mais notre société serait certainement en meilleure forme. C'est donc bien une erreur dramatique que d'opposer l'économie et l'emploi à l'écologie : s'engager dans la transition, c'est accroître le contenu en emplois de l'économie.

L. B. : Oui, la transition peut créer des emplois… à certaines conditions. Les opportunités sont là, mais leur concrétisation n'aura rien de spontané. Tout dépendra du volontarisme dont feront preuve les pouvoirs publics et les acteurs économiques et sociaux. Syndex, un cabinet d'experts travaillant pour les représentants des salariés, a conduit une étude sur les effets d'une isolation thermique pertinente des bâtiments. La conclusion était simple : de nombreux emplois pourraient être créés si l'on réalisait d'importants investissements. Sans un effort massif d'investissement et de financement, sans un vrai prix du carbone, sans une réglementation adaptée et stable qui permette une montée en charge progressive et donne de la visibilité aux entreprises, les promesses de la transition écologique ne seront pas tenues.

L'autre condition majeure est bien sûr l'adaptation de l'offre de formation. La transition écologique nécessite une forte montée en compétences et en qualification des salariés. Au-delà des « métiers verts » qui seront créés dans les nouveaux secteurs d'activité liés à l'écologie, nombre de professions existantes devront évoluer. Pour être plus économes en eau, en énergie et en ressources naturelles, ce sont les systèmes d'organisation du travail et les métiers qu'il nous faudra changer. Les métiers qu'on dit « verdissants », dont la finalité n'est pas environnementale (bâtiment, transports, chimie, etc.), devront incorporer de nouvelles compétences écologiques transversales. Les créations d'emplois dépendront donc de la rapidité avec laquelle nous saurons construire des passerelles entre anciens et nouveaux secteurs, entre métiers, et adapter les compétences. Ce n'est pas encore gagné : il est inquiétant de constater que, en dépit des besoins immédiats de rénovation thermique, les travailleurs du bâtiment demeurent insuffisamment formés et, travaillant par corps de métier, ne se structurent pas pour offrir une réponse globale satisfaisante sur l'habitat tout entier.

L'avantage, cependant, c'est que les métiers de la transition écologique sont diversifiés en termes de savoir-faire et de qualification. Tous ne nécessitent pas une expertise technique. Certains s'appuient sur des compétences relationnelles, sociales ou pédagogiques : je pense par exemple aux travailleurs sociaux chargés de repérer et d'accompagner les personnes isolées victimes de précarité énergétique, ou bien aux activités relatives à l'éducation à l'environnement et au développement durable, qui prennent de l'ampleur dans le secteur associatif. L'ensemble de ces métiers participe d'une transition juste et partagée. Il faut les valoriser et les organiser.

Ph. F. : Anticiper les changements afin qu'ils ne soient plus perçus comme une menace.

L. B. : Oui, car ce sont toutes les transitions qui sont aujourd'hui vécues comme des menaces ! Il en va de même avec la transition numérique. Parce qu'elles sont incertaines par nature, qu'elles déstabilisent les positions acquises et rendent obsolètes la plupart de nos règles et de nos institutions, sans que les fondations d'un nouveau modèle ne soient encore posées, les transitions font peur. Cela rejoint la fameuse formule de Gramsci : « Le vieux monde se meurt, le nouveau monde tarde à apparaître, et dans ce clair-obscur surgissent les monstres. »

Face à cette incertitude, on peut choisir de se mettre la tête dans le sable et de ne surtout rien changer, ou prendre le prétexte des transitions pour mettre à bas toutes les protections collectives : ces deux options conduiraient à une même impasse et contribueraient à alimenter les discours catastrophistes. Or, il en existe une troisième, qui est de montrer les opportunités induites par ces changements et de se donner les moyens de les saisir. Ce qui suppose de regarder en face la question des « perdants » de la transition et de réellement les accompagner, les sécuriser. Une transition écologique qui laisserait toute une partie de la population exclue et des territoires sans emploi, ce serait un scénario noir… mais un scénario possible. Si nous voulons l'éviter, il nous faut conjuguer progrès écologique et progrès social, réduction des atteintes à l'environnement et réduction des inégalités, résilience des territoires et sécurisation des parcours. C'est à cette seule condition que nous pourrons préserver la démocratie et lui redonner du sens.

Ph. F. : Revenons à la question de l'emploi : une économie décarbonée devrait-elle être plus intense en emplois ?

L. B. : À ce stade, on travaille encore pour aller vers une économie sobre en carbone plutôt que vers une économie décarbonée, qui serait sans doute une économie sans industrie. Cela n'a pas de sens de miser uniquement sur les activités sans carbone : si c'est cela que l'on vise, on axera notamment l'économie sur les banques, qui comptent parmi les activités les moins carbonées ! Non : le vrai objectif est de réduire progressivement mais fermement la teneur en carbone de toute notre économie.

La transition écologique peut alors effectivement se trouver à l'origine de nouvelles sources de prospérité et engendrer de nombreux emplois, dans les secteurs verts mais également dans les nouveaux métiers des secteurs traditionnels. Je pense par exemple à l'économie circulaire : réparation et réemploi des objets, ramassage, tri et recyclage des déchets (désormais transformés en ressources), ainsi qu'à l'économie de la fonctionnalité, qui permet d'optimiser l'usage d'un bien comme un vélo ou une voiture en le partageant, à l'instar de Vélo'v à Lyon, de Bluecub à Bordeaux ou de Vélib' et d'Autolib' à Paris.

P. C. : De fait, une économie décarbonée est aussi une économie qui se donne d'autres priorités, qui accorde plus de place aux activités de services, à commencer par l'économie du *care* : tout ce qui nourrit la qualité des relations interpersonnelles, la culture, l'éducation, la santé, le bien-être. Autant de services peu émetteurs de CO_2, fort peu délocalisables ou « robotisables » et qui sont donc intenses en emplois tout en mobilisant peu de capital financier. De fait, je crée des emplois et je diminue mes consommations d'énergie quand je décide de prendre un cours de piano à côté de chez moi ou de me faire faire un massage plutôt que d'acheter un bien industriel fabriqué à l'autre bout du monde !

Une seconde raison qui rend l'économie décarbonée intense en emplois tient au fait que verdir les activités chargées en CO_2 revient le plus souvent à remplacer de l'énergie par du travail humain. Développer une agriculture soutenable, renoncer progressivement aux pesticides ou diminuer les engrais chimiques, c'est baisser sa consommation d'énergie mais c'est aussi développer un modèle de production plus intense en travail. Par exemple, selon l'Agence bio, une exploitation agricole convertie en bio emploie près de deux fois plus de personnes qu'en conventionnel.

Enfin, réduire les consommations d'énergie et produire celle-ci de manière renouvelable, en privilégiant la proximité, c'est remplacer des importations coûteuses – pour notre balance commerciale comme pour notre indépendance géopolitique – par des emplois locaux.

C'est l'addition de ces trois grandes tendances (davantage de consommation de services produits localement, des modes de production plus intensifs en emplois et une énergie moins importée) qui fait que la transition écologique, en fin de compte, suscite une création nette d'emplois massive. Il ne suffit évidemment pas de claquer des doigts pour que cela se mette en place, mais, dès lors qu'on est intellectuellement convaincu qu'il n'y a pas d'opposition d'intérêts entre emploi et écologie, dès lors qu'on pense que c'est non seulement nécessaire d'y aller mais qu'il en va aussi de l'intérêt des salariés et des demandeurs d'emploi, alors on peut s'engager, franchir les haies les unes après les autres, en mettant en place les dispositifs transitionnels nécessaires. Rester dans une posture d'opposition ou défendre un intérêt de court terme n'est optimal ni sur le plan écologique ni sur le plan social et économique.

L. B. : En matière de transition écologique comme dans d'autres domaines, il faut se garder d'opposer industrie et services. Nous vivons dans un monde où la frontière classique entre la production de biens et celle de services s'estompe. On ne vend déjà plus une voiture mais un service de mobilité. Et, inversement, bien des nouveaux services ayant vocation à se développer (par exemple autour de la *silver economy*, le service aux personnes âgées) s'appuieront sur des produits technologiques : des capteurs, des robots, une maison intelligente.

Ainsi, industrie et services sont toujours plus complémentaires et imbriqués. Je n'en suis pas moins d'accord sur la nécessité d'inventer de nouvelles activités et de nouveaux emplois qui répondent à des besoins sociaux, qu'il s'agisse d'accompagner les personnes âgées, d'assurer une meilleure prise en charge de la petite enfance ou de donner accès à la culture et aux loisirs. J'ai commencé mon parcours militant en réfléchissant, avec le groupe de jeunes de l'union locale CFDT de Saint-Nazaire, à ce que pouvaient être les emplois-jeunes mis en œuvre par Martine Aubry. Une partie des métiers que nous avions imaginés se sont développés depuis, comme les « éco-ambassadeurs » du tri sélectif, par exemple.

Ce ne sont pas les besoins sociaux mal remplis qui manquent. Mais il faudra veiller à ce que ces métiers de services à la personne s'exercent dans des conditions de qualité, soient correctement rémunérés, etc.

Ph. F. : La transition écologique nous invite donc à changer notre façon de produire et de consommer. Mais elle

conduit aussi à remettre en cause le logiciel sur lequel ont été fondés les compromis sociaux depuis l'après-guerre, c'est-à-dire la distribution des gains de productivité, ce qui a permis d'accroître le pouvoir d'achat et de réduire le temps de travail.

P. C. : Le défi qui nous est posé, dans le monde fini qui est le nôtre et qui comptera 9 milliards d'habitants en 2050, est d'augmenter la productivité des ressources – énergie, minerais, terres arables, etc. Si demain, pour produire autant de richesses, je consomme 10 unités d'énergie ou de minerais au lieu de 20 grâce à l'économie circulaire, à la transformation de nos déchets en énergie, à l'efficacité énergétique pour réduire nos consommations de chauffage, etc., j'augmente formidablement ma productivité-ressources. Le XXe siècle a été celui d'une exceptionnelle croissance de la productivité du travail. Le XXIe devra être celui d'une croissance tout aussi exceptionnelle de la productivité des ressources naturelles. Autrement, nous épuiserons toutes les ressources de la planète ou nous serons condamnés à vivre beaucoup moins bien. Je sais que les chiffres actuels ne permettent pas d'envisager de tels gains de productivité sur les ressources. Mais demandez aux économistes de la fin du XIXe siècle s'ils imaginaient possible de travailler cinq jours sur sept, trente-cinq heures par semaine, avec cinq semaines de congés payés. Ils vous auraient ri au nez, car il était hors de leur cadre de pensée d'imaginer les gains de productivité du travail qui ont rendu possible ce formidable progrès social.

En ce qui concerne les futurs gains de productivité sur le travail, mon analyse, corroborée par les travaux de nombreux économistes, est que nous allons assister à une stagnation. Si nous nous engageons vraiment dans la transition écologique, nous n'aurons plus de gains de productivité du travail permettant de produire toujours plus. En agriculture, le bio crée plus d'emplois que le conventionnel pour la même production, donc il fait baisser la productivité du travail en volume. Mais, comme le bio tend à être mieux valorisé, cela s'équilibre en valeur. Je pense donc que l'avenir du progrès social ne passe pas nécessairement par une nouvelle réduction du temps de travail, mais plutôt par une augmentation des activités intensives en emplois, avec amélioration de la qualité des produits et des services vendus.

Ph. F. : Cependant, en l'état actuel des choses, les pays qui réussissent à créer beaucoup d'emplois sans forte croissance sont ceux où les inégalités s'accroissent, ce qui permet aux plus riches d'acheter beaucoup de temps de travail des plus pauvres.

P. C. : On le constate en effet en Allemagne avec les « mini-jobs », au Royaume-Uni ou encore aux États-Unis. Mais la logique de l'économie verte est tout autre. Elle revient à diminuer la productivité du travail – dans l'agriculture mais aussi dans d'autres activités – avec, en contrepartie, une production de meilleure qualité et de meilleures conditions de travail. Dans une telle transition, la logique n'est pas de réduire un temps de travail par ailleurs toujours plus intensif, mais d'aller vers une économie plus « slow » : on peut ainsi viser une agriculture écologiquement intensive, à haut rendement, qui incorpore plus de travail humain, et accepter, en tant que consommateurs, de consacrer une part plus importante de notre budget à une alimentation de qualité grâce au pouvoir d'achat dégagé en luttant contre l'obsolescence programmée des produits industriels ou en se libérant de la « nécessité sociale » de changer de téléphone portable tous les ans.

L. B. : Il est frappant de constater que l'instauration des « mini-jobs » en Allemagne n'a pas créé une heure de travail supplémentaire. Le volume horaire global a été partagé entre davantage de travailleurs précaires, avec certes un peu moins de chômage, mais autant de personnes éloignées de l'emploi à temps plein. Il faut refuser l'idée qu'on devrait choisir entre précarisation massive et chômage de masse : c'est un piège.

Cela dit, je suis d'accord : on ne peut pas se contenter de ressortir nos revendications des années 1990 sur la réduction du temps de travail. L'intensification du travail implique de repenser son organisation, de prendre en compte les pénibilités, etc. C'est sur ces sujets que nous travaillons. Pour autant, il n'est pas question pour nous de renoncer à réduire la durée du travail : il faut surtout l'aménager autrement. Par exemple, en permettant aux salariés de lisser leur temps de travail à l'échelle d'une vie, en fonction de leur santé, de leurs contraintes personnelles, de leurs désirs – j'y reviendrai[9].

Ph. F. : La question de la durée du travail masque en fait celle de son « coût ». Ce que cherchent les partisans d'un allongement de la durée du travail, c'est aussi (et parfois surtout) à réduire le coût du travail.

L. B. : Oui, le patronat préfère évoquer l'allongement de la durée du travail à salaire identique que de dire franchement qu'il demande le droit de diminuer ce qu'il paye aux travailleurs ! Mais ces propositions sont dangereuses. Un modèle entièrement fondé sur la réduction du

9. Voir chapitre 3.

coût du travail nous conduirait à une triple impasse. Une impasse sociale, car, en affaiblissant l'assiette de financement de la protection sociale, on assisterait à une explosion de la précarité et des inégalités. Une impasse économique, car un positionnement bas de gamme nous mettrait en concurrence avec des pays qui pratiquent le dumping social, sans réels gains en termes de valeur ajoutée. Une impasse écologique, enfin, puisque, comme nous l'avons déjà souligné, de mauvaises conditions d'emploi entraînent des risques non seulement pour la santé et la sécurité des salariés, mais également pour la préservation de l'environnement.

La transition écologique est au contraire l'occasion de faire le choix d'une montée en gamme, et plus largement d'un modèle de développement de qualité supposant innovation, durabilité des modèles productifs et haut niveau de qualification. C'est le seul choix possible pour réarticuler l'économie, le social et l'environnement. Quand on sort d'une vision de la performance fondée sur l'optimisation des coûts et l'épuisement des ressources, c'est le capital humain qui est revalorisé comme facteur de richesse.

La transition écologique apporte la possibilité de redonner une place centrale au travail, aujourd'hui secondaire (voire invisible) dans les stratégies d'entreprise. La transition numérique remet elle aussi le travail – et plus seulement l'emploi – au centre, et surtout la puissance du collectif. Si on s'en donne les moyens, les mutations en cours peuvent constituer une chance de refonder notre modèle de développement autour de ce qui a vraiment de la valeur.

Ph. F. : Au fond, vous expliquez qu'une société plus attentive au bien-être de ses membres, moins productiviste, sera aussi plus intense en emplois.

L. B. : Nous avons encore besoin d'un haut niveau d'activité pour accroître le bien-être et garantir le financement de nos choix de modèle social et de solidarité. Mais investir dans la transition énergétique est l'une des façons les plus sûres de préserver ce haut niveau et de créer une société prospère. Les travaux de l'économiste Gaël Giraud nous montrent que la croissance a une cause physique : la consommation d'énergie. Il est donc clair que, si nous voulons préserver notre niveau d'activité, il nous faut changer de modèle, investir massivement dans les économies d'énergie pour avoir la même activité avec une consommation d'énergie bien plus faible.

P. C. : Absolument. On observe d'ailleurs déjà que le rythme des gains de productivité s'est fortement ralenti, en raison de la montée des services. Non seulement la productivité y progresse peu, mais on ne sait plus vraiment la mesurer, car la production prend souvent un caractère plus qualitatif que quantitatif. Je ne suis pas sûr qu'on ait envie d'élever la productivité des infirmières en réanimation en leur imposant de prendre en charge quatre malades au lieu de trois, ou celle des enseignants en leur confiant quarante élèves au lieu de trente.

La notion de gain de productivité a eu son heure de gloire dans une société industrielle produisant des biens standardisés, elle perd de sa pertinence dans une société de services vivant la révolution numérique. Le numérique peut engendrer des gains de productivité exceptionnels liés aux ruptures qu'il suscite, mais celles-ci peuvent aussi se révéler destructrices de richesses marchandes parce qu'elles permettent d'offrir un meilleur service gratuitement. Grâce à Skype, je peux désormais communiquer partout dans le monde sans rien débourser : c'est un gain de productivité fantastique en termes de mise en réseau. Même constat pour l'accès au savoir encyclopédique avec Wikipédia. Autant de progrès que les indicateurs économiques du monde d'hier se révèlent incapables de mesurer puisque, dans les deux cas, le service est gratuit !

Ph. F. : De quoi questionner le logiciel sur lequel a été fondée notre vision de l'économie jusqu'à présent.

P. C. : En effet, les indicateurs implosent quand on prend en compte la révolution de la gratuité que permettent l'économie numérique et le collaboratif, et quand on introduit dans le raisonnement la nature, la biodiversité, bref, tout ce qui est gratuit (le soleil, le vent, l'air que nous respirons…) mais qui est le support même de la vie. La notion de PIB – de croissance du PIB – ne veut donc plus rien dire. Parce qu'il ne prend pas en compte les dégâts environnementaux induits par l'activité économique, mais aussi parce qu'il n'intègre pas une large partie des apports gratuits de la révolution numérique. Bref, il nous faut penser de nouveaux indicateurs du progrès de nos sociétés.

L. B. : Nous ne voulons plus du PIB comme seul indicateur de progrès, car il ne dit effectivement pas grand-chose de la qualité de vie et du niveau de cohésion sociale de notre société. On peut vivre mieux demain dans une société où l'on consommera moins mais différemment, en donnant moins de place aux relations marchandes et en privilégiant les réseaux d'entraide et de coopération.

Ph. F. : Revenons-en aux effets de la révolution numérique. Elle contribue à transformer l'emploi, mais n'est-elle pas aussi un outil qui peut être mis au service de la transition écologique ?

P. C. : Les défis technologiques que nous devons relever pour mettre en place une économie décarbonée inscrite dans les limites de la planète seront en effet plus aisément relevés grâce au potentiel du numérique. Comme l'explique Jeremy Rifkin, c'est la conjonction du numérique et de l'économie verte qui nous permettra de développer massivement la production d'énergie décentralisée 100 % renouvelable (associée au stockage de l'électricité) et la mobilité partagée, notamment en zone périurbaine – là où il n'est pas rentable, même pour une collectivité publique, d'offrir des transports en commun. Il y a ainsi beaucoup de choses à inventer pour assurer à tous un service offrant des solutions *peer to peer* sans passer par la solution « une personne, une voiture ».

Ph. F. : Sans attendre la voiture écologique partagée sans chauffeur, il y a sans doute déjà beaucoup de choses à faire, comme mettre des garages à vélo devant chaque arrêt d'autobus.

P. C. : Il y a en effet plein de choses à réaliser avant. Mais, si l'objectif d'une politique sociale-écologique est de produire les infrastructures collectives permettant d'améliorer de manière soutenable le bien-être de tous, en commençant par les plus pauvres, la révolution numérique peut y contribuer. Concrètement, nous disposons déjà d'infrastructures collectives majeures avec notre système de protection sociale, qui produit des soins et redistribue du revenu sous forme de pensions de retraites, d'indemnisations du chômage, de minima sociaux ou d'aides aux familles. L'Éducation nationale fait également partie de ces infrastructures collectives indispensables au bon fonctionnement de notre société. On mesure ici que l'enjeu n'est pas seulement de construire des autoroutes et des lignes de chemin de fer ou de couler du béton. Aujourd'hui, de nouvelles infrastructures virtuelles émergent avec le numérique. Un service comme Blablacar révolutionne la mobilité sans avoir jamais construit la moindre autoroute ni fabriqué de voiture. De même qu'Airbnb n'a jamais bâti un seul appartement.

Cette économie collaborative est une voie majeure pour augmenter la productivité des ressources puisque, avec ces systèmes de partage, ma voiture est utilisée plus souvent (ou par davantage de personnes) et mon appartement ne reste pas inoccupé. Cela ne signifie évidemment pas que ces sites ne créent pas de nouvelles consommations d'énergie, ou qu'il n'y a pas de data centers derrière ni de ressources dans les smartphones qu'on utilise pour s'y connecter. D'où l'importance de la lutte contre l'obsolescence programmée, du développement de l'économie circulaire et de la nécessité de recycler l'énergie dégagée. Cela commence à se faire par exemple à Marne-la-Vallée, où des équipements sont chauffés avec la chaleur récupérée auprès des data centers de Natixis. Loin de moi l'idée de promouvoir un rêve irénique dans lequel le numérique aurait résolu tous les problèmes, mais ne pas utiliser les solutions qu'il offre potentiellement serait une aberration à la fois écologique et économique.

L. B. : La révolution numérique entraîne des transformations immenses. Les modèles économiques se recomposent, de nouveaux géants émergent : des plateformes qui bouleversent les filières économiques en captant les marges à leur profit. Les frontières entre le « dedans » et le « dehors » de l'entreprise disparaissent, avec le rôle croissant joué par les consommateurs dans le processus de production et l'émergence d'utilisateurs rémunérés. Ainsi, ce sont les utilisateurs de Facebook, au travers des informations qu'ils partagent, qui créent la valeur de l'application. La question du travail redevient centrale, une bonne partie du travail digital étant d'ailleurs fondée sur la gratuité de la fourniture de données et de commentaires (ceux-ci étant ensuite valorisés par le biais de la publicité ciblée, par exemple). Cette irruption de nouveaux usages – et de nouveaux combats à mener autour du partage de la valeur – ne doit pas faire oublier qu'émergent aussi de la collaboration, des forums et des «communs», comme Wikipédia, qui échappent à la marchandisation.

Mais, ce qui m'intéresse plus encore, ce sont les relations humaines renouvelées. L'information et la transparence font que les beaux discours non suivis d'effets ne convainquent plus. Le temps est fini où l'on croyait que l'on pouvait penser pour les gens. Il faut désormais agir avec eux. La grande leçon de la transition numérique, c'est que la force du nombre compte plus que jamais. Nous devons donc penser l'impact du numérique sur la transition écologique comme un chantier démocratique, où nous aurions à déterminer collectivement les usages que nous voulons. Et notamment les usages qui favorisent cette transition.

Ph. F.: Reste que les effets de la transition numérique sont pour le moins ambivalents.

L. B.: Il est vrai que certains voient la transition numérique comme le nouveau miracle qui va tout résoudre, de la crise économique à la crise de la démocratie, tandis que d'autres, au contraire, en parlent comme d'une vague qui détruira tout sur son passage, et surtout massivement des emplois.

En réalité, on a aujourd'hui très peur de la robotisation, mais personne ne sait quelles seront ses conséquences sur l'emploi. L'industrie automobile allemande est l'une des plus robotisées au monde. Pourtant, elle emploie 100 000 salariés de plus qu'il y a vingt ans. On est loin ici du remplacement de l'homme par la machine ! Et l'automatisation engendre un besoin accru en compétences sociales, de telle sorte qu'existe en réalité une complémentarité entre l'homme et la machine. De toute façon, si on ne modernise pas notre outil de production, si on n'invente pas l'usine du futur, une usine plus propre et plus respectueuse des travailleurs, l'emploi sera durement touché.

Mais le numérique crée aussi de nouveaux usages et de nouvelles activités, parfois plus accessibles à des personnes éloignées du marché du travail. Dans certains cas, la digitalisation d'une partie de leurs tâches permet aux travailleurs de mieux effectuer leur travail et de se concentrer sur les activités qui font leur « valeur ajoutée » : la relation et l'accompagnement. L'humain, en somme. Par exemple, les conseillers de Pôle emploi, une fois automatisées la plupart de leurs tâches administratives, pourront se concentrer sur l'accompagnement personnalisé des demandeurs d'emploi. Une organisation syndicale ne peut qu'être favorable à cela ! À condition, bien sûr, d'accompagner et de former les salariés sur les évolutions de leur métier. À condition aussi de responsabiliser les donneurs d'ordres que sont les plateformes – comme Uber – en les obligeant à respecter les droits sociaux et à prendre leur part du financement des garanties collectives.

Finalement, qu'il s'agisse de transition écologique ou numérique, les enjeux sont les mêmes : accompagner les salariés dans les changements, investir et former. Les transitions se gagneront à long terme dans la bataille des compétences et des savoir-faire, de l'innovation et de la qualité. Et aussi en replaçant le travail au cœur de l'entreprise, en tant que source fondamentale de création de valeur.

Chapitre 3
REFONDER NOTRE MODÈLE SOCIAL

Philippe Frémeaux: Vous êtes donc d'accord sur le fait que la transition écologique ne signifie pas moins d'emplois. Reste à gérer les mutations que cela imposera à de nombreuses activités. Comment faire?

Laurent Berger: L'impact global en termes de création d'emplois sera certainement positif, en effet, mais cela ne règle pas le problème de ceux qui perdront le leur. La transition écologique peut impliquer la fermeture de certains établissements ou d'importantes réductions d'effectifs dans d'autres, ainsi que la transformation de nombreux métiers. Les conséquences négatives au niveau sectoriel sont l'un des problèmes majeurs des transitions, qu'elles soient écologiques, technologiques ou induites par les mutations de la demande. Nous nous dirigeons vers un monde différent de ce qu'il était hier: il ne sert à rien de le nier ou de s'y opposer. Mais il convient de s'assurer que, d'une part, il existe des espaces de négociation pour anticiper et peser sur ces changements, et que, d'autre part, les salariés soient sécurisés à tous les niveaux.

Cela implique de repenser en profondeur nos règles et notre modèle social. C'est un message que j'adresse à certains représentants de l'écologie politique: on ne peut pas vouloir en même temps la révolution écologique et le conservatisme social! Si l'on se contente de maintenir à l'identique notre modèle hérité du passé, la transition écologique laissera sur le carreau des femmes et des hommes qui n'auront aucune chance de retrouver un emploi ni une place dans la société. La flexibilité sera subie, et la transition sera le luxe de quelques-uns.

Pascal Canfin : Les écologistes sont aussi divers que la société ! Je suis d'accord pour dire que l'enjeu est de sécuriser les parcours et non de protéger coûte que coûte les situations. Cependant, il ne faut pas s'étonner que les gens soient « conservateurs » dans un pays où le chômage demeure aussi élevé, où la précarité de l'emploi est telle que nombre de personnes retombent dans le chômage avant d'avoir cotisé suffisamment pour bénéficier d'une indemnisation. C'est une situation qui concerne les jeunes au premier chef.

L. B. : C'est bien la raison pour laquelle on ne peut plus s'offrir le luxe d'être conservateur ! Regardons les choses en face : notre modèle social ne protège plus aussi bien qu'avant et, surtout, il ne protège pas tout le monde. Nos choix économiques passés n'ont pas permis d'offrir prospérité et opportunités à tous les individus. C'est bien pour cela qu'il faut évoluer. Non parce que des changements « s'imposeraient à nous » et que nous devrions nous y adapter tant bien que mal en essayant de sauver les meubles. Mais parce que le progrès est possible, pour tous !

P. C. : Pour en revenir à la gestion des transitions, je donnerai un exemple qui va parler à Laurent. Quand le gouvernement a décidé, en 2014-2015, de mettre fin aux aides publiques à l'exportation de centrales à charbon dans le reste du monde, la CFDT a pris une position courageuse en ne s'opposant pas à cette décision, et cela aussi bien au niveau confédéral que dans la branche énergie du groupe Alstom (rachetée depuis par General Electric). La France a ainsi été le premier pays (avec les États-Unis) à s'engager, dès avant la COP21, à arrêter de subventionner ces centrales *via* des crédits à l'exportation. En France, cette décision ne concernait qu'une seule entreprise – Alstom – et un seul de ses établissements, à Belfort. Sachant que le même groupe produit des éoliennes à Saint-Nazaire. Le sujet n'était donc pas d'être pour ou contre l'emploi chez Alstom, mais de dire que l'argent public que l'on allait cesser d'utiliser pour exporter des centrales à charbon incompatibles avec la lutte contre le dérèglement climatique serait plutôt consacré à soutenir l'innovation technologique et les exportations d'Alstom dans les énergies renouvelables. De fait, Alstom produit des turbines destinées aux centrales à charbon, mais fabrique aussi des alternateurs qui ont vocation à être intégrés dans les éoliennes… Il s'agit là typiquement d'un sujet où, soit on reste arc-bouté sur l'existant en affirmant que les quelques centaines d'emplois menacés chez Alstom Belfort ne doivent pas être remis en cause au nom du climat, soit on redéploie les sommes ainsi économisées pour développer Alstom Saint-Nazaire en respectant les limites de la planète. Bref, on dépense autant, mais de manière sélective.

L. B. : Concernant la branche énergie d'Alstom – à présent General Electric, donc –, la CFDT a effectivement considéré que l'arrêt des subventions à l'exportation des centrales à charbon était une décision allant dans le sens de l'histoire, mais à condition de prendre la mesure des conséquences pour les salariés de Belfort et de Massy ainsi que pour les sous-traitants du groupe. Nous avons donc appelé General Electric à prendre des engagements pour sécuriser les transitions professionnelles et faire des efforts supplémentaires en matière de recherche et développement. Cet exemple illustre bien le fait que les choix budgétaires opérés en matière de transition énergétique sont très structurants pour la politique industrielle de notre pays et pour le positionnement des entreprises sur les marchés de demain. C'est l'une des raisons pour lesquelles la CFDT revendique que ces choix fassent toujours l'objet d'une consultation des différentes parties prenantes.

Ph. F. : Difficile cependant de trouver des compromis quand des emplois sont en jeu.

L. B. : En tant qu'organisation syndicale, nous sommes fréquemment placés devant des choix qui n'ont rien d'évident, parce qu'ils mettent en balance des enjeux de long terme et de court terme, ou qu'ils opposent certaines catégories de salariés ou certains secteurs d'activité. Notre rôle consiste précisément à trouver le point d'équilibre entre intérêt collectif et revendications spécifiques. Il est aussi d'aider les salariés à identifier leurs intérêts de long terme, même si cela suppose des efforts à court terme – sous réserve, bien sûr, que ces efforts soient équitablement répartis et réellement nécessaires. Quand on se projette au-delà des intérêts immédiats, il ne fait pas de doute que la prise en compte de la contrainte environnementale est favorable à la performance économique de l'entreprise et à l'emploi.

Au printemps dernier, j'ai rendu visite aux militants d'une papeterie d'International Paper, dans la Haute-Vienne, à côté de Saint-Junien. Ils font entrer du bois et il en sort des ramettes de papier. L'établissement emploie environ 600 salariés et fait vivre 1 500 personnes en comptant leurs familles. Il fallait engager 20 millions d'euros d'investissements pour moderniser l'usine, diminuer sa pression sur l'environnement et produire un papier de meilleure qualité. Sans cela, le site était condamné. Or, cette modernisation impliquait de nouvelles tâches pour les équipes, une transformation de leur métier. Les militants CFDT ont poussé pour que les salariés bénéficient d'une formation à la hauteur, afin de s'adapter à leurs nouveaux postes de travail. Finalement, la prise en compte de l'environnement a permis à cette usine de monter en gamme, de préserver l'emploi et de développer les compétences de ses salariés.

Ph. F. : Si, sur cet exemple, le bilan en termes d'emplois est neutre, cela ne résout pas le problème des salariés qui risquent de perdre le leur dans d'autres entreprises.

L. B. : C'est vrai. C'est une chose de dire qu'il faut privilégier tel ou tel type de production, c'en est une autre de répondre concrètement aux inquiétudes de ceux qui subissent ces changements. Cela n'a rien de simple, parce que notre système social a été conçu autour de droits acquis dans un poste. Donc, quand on quitte son emploi, ou si on y reste peu de temps parce qu'on est travailleur précaire, on perd le bénéfice de ces droits. Dans ces conditions, il est extrêmement difficile de changer de travail quand on anticipe des difficultés économiques à venir, ou tout simplement quand on souhaite faire autre chose. Les mobilités choisies sont le parent pauvre du système. C'est pourquoi nous avons exigé très tôt la « portabilité » : le transfert des droits d'une entreprise à l'autre. Et c'est pour cela qu'aujourd'hui nous appelons à la mise en place d'un compte personnel d'activité ambitieux, qui accompagne le travailleur tout au long de sa vie et lui permette de mener ses propres projets.

Enfin, par le passé, face aux mutations économiques, les politiques d'accompagnement n'ont pas toujours été à la hauteur. Par exemple, face au déclin de l'industrie de la chaussure, longtemps très présente à Cholet (49), dans ma région d'origine, on a dit aux travailleurs de se reconvertir dans les services à la personne. Or, les gens qui ont suivi cette piste ont découvert que c'était difficile. Non pas en raison des métiers eux-mêmes, mais tout simplement parce que, dans ce pays, on ne se donne pas les moyens de bien s'occuper des personnes âgées, de professionnaliser les métiers de l'aide à domicile et de les payer convenablement. Dans d'autres cas, cependant, on a observé des reconversions plus réussies, comme chez Bosch, à Vénissieux (69) – même si cet établissement est de nouveau en difficulté.

Ph. F. : En quoi cette expérience, souvent citée au sein de votre organisation, est-elle exemplaire ?

L. B. : Cet exemple est important pour moi parce que nous y avons pris toute notre part et que la méthode de reconversion a été particulièrement innovante. On ne s'est pas dit du jour au lendemain que la solution était le photovoltaïque : il y a eu un réel travail en amont pour identifier les compétences collectives des salariés. C'est une méthode que nous avons appelée le « CV de site ». Elle a révélé que le collectif de travail, anciennement employé à la fabrication de pièces pour moteurs diesels, détenait de nombreux savoir-faire qui lui permettaient de basculer rapidement vers un autre type de production – le photovoltaïque, donc. Ainsi, on pouvait reconvertir cette équipe tout en préservant la richesse acquise dans son expérience professionnelle antérieure. Ensuite, la direction a su croire au projet porté par la commission de réindustrialisation, dans laquelle la CFDT s'est beaucoup investie. Si ce site est encore susceptible de rencontrer des difficultés liées au secteur d'activité, la méthode était la bonne. Elle montre en tout cas qu'on peut limiter le gâchis des savoir-faire si on s'y prend autrement, en valorisant les capacités du collectif de travail et non pas seulement l'outil de production. Il faut une sacrée dose de volonté et beaucoup de constance pour anticiper les mutations et faire naître de nouveaux projets industriels.

Autre exemple : chez DCNS, constructeur français de sous-marins et de navires de défense, la CFDT se mobilise activement depuis 2008 pour appuyer la création d'une filière spécialisée dans les énergies marines renouvelables et pour diversifier les activités. Au point d'avoir convaincu la direction de réaliser des investissements substantiels dans la recherche et d'expérimenter de nouvelles technologies. Aujourd'hui, plus d'une centaine de personnes y travaillent. Désormais, DCNS, qui possède les savoir-faire sur l'ensemble de la chaîne, envisage très sérieusement les énergies marines comme un débouché d'avenir pour le groupe. Mais la partie n'est pas encore totalement gagnée ; reste maintenant à concrétiser avec les actionnaires – en particulier l'État – une stratégie industrielle dans la durée.

Ph. F. : Au-delà de ces quelques exemples particuliers, comment fait-on pour changer d'échelle ?

L. B. : En premier lieu, il faut souligner que, pour agir efficacement, une organisation syndicale ne peut pas intervenir uniquement sur les questions sociales, c'est-à-dire trop souvent, sur les conséquences sociales des orientations économiques, décidées sans les salariés. Notre conception du syndicalisme, ce n'est pas d'être les éternels pompiers chargés d'éteindre l'incendie. Nous voulons peser sur les stratégies économiques en amont, afin qu'elles soient durables, favorables à l'emploi et aussi à l'environnement.

Pour cela, nous revendiquons que les organisations syndicales soient parties prenantes d'un dialogue économique continu avec les employeurs et les pouvoirs publics.

Ce dialogue est nécessaire à toutes les échelles. Dans l'entreprise, parce que les salariés sont prêts – bien plus qu'on ne le dit – au changement si celui-ci permet la réussite économique de leur entreprise. Dans les territoires, parce que c'est au niveau des villes et des régions que l'on crée les écosystèmes économiques, les complémentarités emploi-formation et les coopérations. Dans les branches et les filières, parce que c'est à cette échelle qu'on peut inventer les stratégies coopératives nécessaires à la compétitivité de notre pays. Et bien sûr au niveau européen. Face à un «choc» comme la transition écologique, qui frappe de la même manière tous les États membres, l'Europe ne peut pas se contenter de condamner les aides d'État quand elles faussent la concurrence, mais elle doit se doter d'une politique industrielle commune qui aide les entreprises et les salariés à passer le cap.

P. C. : Tout l'enjeu est aussi de mettre en place des dispositifs transitionnels à l'échelle des territoires ou à l'échelle des groupes, sachant que les mutations induites par la transition écologique ne vont pas produire leurs effets en un jour mais sur plusieurs années, voire plusieurs décennies, comme le montre l'exemple du nucléaire. On peut donc se donner du temps, tout en ouvrant des perspectives de création d'emplois dans d'autres activités.

Ensuite, pour développer les dispositifs transitionnels – une question sur laquelle la CFDT a beaucoup travaillé –, il reste beaucoup à faire. C'est d'ailleurs un enjeu majeur pour un syndicat réformiste comme la CFDT, qui accepte les évolutions mais agit pour les rendre acceptables par tous. Dit autrement, il faut créer une flexisécurité de la transition écologique – car, même si la transition signifie plus d'emplois à la fin, ce ne seront pas forcément les mêmes emplois ni au même endroit. Dans cet esprit, je propose de négocier des contrats de transition écologique qui accompagnent la mutation des activités les plus concernées par la transformation du système productif.

L. B. : Si être réformiste c'est « rendre les évolutions acceptables », alors je refuse qu'on associe ce qualificatif à la CFDT ! Avoir le courage de regarder la réalité telle qu'elle est ne signifie pas l'accepter. C'est au contraire une étape indispensable pour se donner les moyens de la transformer. Être réformiste, pour moi, c'est reconnaître que le monde change, et donc réadapter en permanence nos institutions – y compris le syndicalisme – pour qu'elles continuent à remplir leur rôle efficacement. C'est d'ailleurs ce que je comprends de la proposition concernant les « contrats de transition écologique », qui est très proche des idées défendues par la CFDT : prendre les devants pour ne pas subir les changements. C'est tout à fait notre logique, comme Pascal le sait.

Ph. F. : Contrats de transition écologique, prospective territoriale : il s'agit donc d'accompagner la mutation de la structure des emplois.

P. C. : En pratique, une même qualification peut changer de destination – un même ingénieur peut réaliser une turbine pour une centrale à charbon comme pour une centrale renouvelable. C'est pourquoi je n'aime pas trop la notion d'emplois verts. En fait, l'enjeu se situe moins en termes de structure des qualifications (même s'il y a des compétences spécifiques à acquérir) qu'en termes d'accompagnement vers de nouvelles situations d'emploi. Pour l'ouvrier d'usinage ou l'ingénieur mécanicien qui produit des centrales à charbon à Belfort, l'enjeu est moins d'acquérir une nouvelle qualification que d'être accompagné vers un nouvel emploi, dans le même groupe ou ailleurs. Cela peut passer par une mobilité géographique comme par l'émergence ou le développement de nouvelles activités sur le territoire où il réside.

Ces contrats de transition écologique sont donc un dispositif très important pour sortir de l'insécurité et atteindre les objectifs que l'on se fixe. Le WWF l'a proposé dans les échanges avec le gouvernement lors de la préparation de la dernière conférence environnementale au printemps 2016, mais cela n'a pas abouti. Je le regrette.

Ph. F. : Et qui bénéficierait de ces contrats ?

P. C. : D'abord les salariés des secteurs les plus touchés par la transition (énergie, automobile, etc.), afin de leur permettre de se reconvertir et d'éviter qu'ils en soient les victimes. De fait, quand on s'engage dans la transition pour de bon, cela fait toujours des perdants et des gagnants. La collectivité doit donc socialiser une partie des pertes en aidant les salariés concernés *via* un dispositif leur permettant de passer d'un emploi à un autre, d'une compétence à une autre, d'un secteur ou d'une région à une autre, dans des conditions satisfaisantes. Je pense par exemple que, si un contrat de transition écologique existait et pouvait s'appliquer aux salariés des cinq centrales à charbon d'EDF et d'Uniper (qui vont fermer dans les prochaines années), ainsi bien sûr qu'à ceux des centrales nucléaires, le passage à l'acte en serait grandement facilité. Et on pourrait se focaliser sur les emplois qui seront créés !

Nous avons vu que la transition vers un monde décarboné, compatible notamment avec l'accord de Paris sur le climat, sera créatrice nette d'emplois au bout du compte. Mais il ne suffit pas d'être intellectuellement convaincu du fait que le point d'arrivée sera positif sur les plans économique, social et écologique : il faut mettre en place les dispositifs rendant désirable – et *a minima* acceptable – par tous le passage du point A au point B.

Ph. F. : Les mutations de l'emploi entraînées par la transition écologique s'inscrivent cependant dans un contexte marqué par une transformation plus générale du travail, qu'elles résultent de la révolution numérique ou d'une conjoncture plus incertaine. Au-delà de l'accompagnement des mutations spécifiques liées à la transition écologique, comment mettre en place des dispositifs d'accompagnement du changement ?

L. B. : Notre modèle social, il faut le souligner, a servi de formidable amortisseur lors de la crise de 2008. Mais, c'est un fait, il laisse perdurer – et désormais creuse – les inégalités. Ce constat n'est pas nouveau, mais il est encore plus marqué dans le contexte de mutations technologiques et économiques que nous vivons. Il faut donc refonder notre système de protection sociale, car la norme unique sur laquelle il s'est structuré, celle de l'emploi salarié stable, à temps complet et à vie, en pratique bien souvent masculin, ne correspond plus à la majorité des situations – et ce sera encore plus vrai demain. Sans prédire comme certains la fin du salariat – pour ma part, je n'y crois pas –, on ne peut que constater que de nouvelles formes d'emploi se développent. Les contrats courts sont devenus la forme dominante d'embauche. De nombreux travailleurs

– free-lance ou auto-entrepreneurs – ne bénéficient pas des protections collectives attachées au salariat.

Par ailleurs, les parcours professionnels sont de plus en plus marqués par la discontinuité, l'alternance entre périodes de chômage et d'activité, les changements et la pluralité des statuts. On peut désormais être simultanément indépendant sur des missions courtes et salarié à temps partiel. Notre modèle social n'avait pas été construit pour cela.

Avec les reconversions induites par les transitions écologique et numérique, de nombreux salariés devront quitter leur emploi pour un autre. Comment assurer la continuité des revenus et des droits ? En se détachant progressivement d'un système fondé sur des « assurances professionnelles », qui lie la protection sociale au statut de l'actif, pour aller vers une protection sociale réellement universelle, qui couvre tous les actifs quel que soit leur statut ou leur changement de situation.

Concrètement, il s'agit de protéger les personnes et plus seulement les emplois. L'idée étant que, si je perds mon travail, non seulement je dois pouvoir conserver mes droits, mais ces droits doivent me permettre de rebondir et de monter en compétences, parce qu'ils seront adaptés à mes besoins !

On a déjà commencé à avancer dans cette direction. En 2013, trois organisations syndicales (CFDT, CFTC et CFE-CGC) et les organisations patronales (Medef, UPA et CGPME) ont conclu un important accord national interprofessionnel qui a permis de créer de nouveaux droits sociaux « personnels » et « portables » : les droits rechargeables à l'assurance chômage, pour ne pas perdre le reliquat de son indemnisation suite à une reprise d'emploi ; le compte personnel de formation (CPF), pour continuer à se former tout au long de sa carrière ; la généralisation de la complémentaire santé, pour un meilleur accès aux soins pour tous les salariés. À la suite de la réforme des retraites de 2010, nous avons aussi œuvré à la création d'un compte de prévention de la pénibilité, qui permettra à des personnes qui se sont abîmé la santé à cause de leur travail de partir plus tôt à la retraite ou de se reconvertir.

Ph. F. : Ces avancées s'articulent-elles avec les droits à la formation, pour une concrétisation de cette fameuse « seconde chance » ?

L. B. : Nous l'avons par ailleurs réclamé et obtenu : toute personne a droit à une formation initiale minimale pour affronter la vie active. Donc, pour les décrocheurs, pour ces jeunes sortis sans diplôme du système scolaire, la nation, qui n'a pas eu l'occasion de les accompagner bien loin dans les études, financera leur qualification plus tard grâce à un abondement renforcé de leur compte personnel de formation.

Au-delà de cette mesure, la formation est un enjeu majeur pour préserver l'employabilité et, à ce titre, elle est l'un des premiers besoins sociaux des individus sur le marché du travail. Elle doit être accessible à tous, tout au long de la vie. Or, on constate encore aujourd'hui que les études que l'on a faites comptent parfois plus que les compétences que l'on a acquises au travail et que l'on démontre au quotidien. Et ce sont les salariés les plus qualifiés qui ont le plus facilement accès à la formation continue. Le CPF, a justement été conçu pour corriger cette anomalie, en facilitant l'accès de tous les salariés, ainsi que des demandeurs d'emploi, à une formation qualifiante.

Pour autant, le droit à la formation n'épuise pas le champ des besoins sociaux. Si la mobilité professionnelle est indispensable, elle ne doit pas être subie, synonyme de précarité ou entravée. Or, les obstacles à la mobilité se situent souvent dans les conditions de vie en dehors du travail : les moyens de transport, les difficultés à trouver un logement, une garde pour ses enfants, etc. Parce qu'ils ne prennent pas en compte ces besoins, certains patrons ne peuvent pas comprendre que tel ou tel demandeur d'emploi ne quitte pas le réseau d'entraide familial et de voisinage qu'il s'est construit pour aller trouver du boulot loin de chez lui. Mais si, demain, chacun dispose d'un large éventail d'aides et de droits personnalisés pour faciliter la conciliation entre sa vie et son travail, cela peut changer.

On le voit bien, les évolutions actuelles ne rendent pas les protections moins nécessaires qu'auparavant. Mais ces protections doivent être davantage personnalisées pour répondre aux besoins particuliers de chaque individu, qui dépendent tout autant de sa situation professionnelle que de sa situation personnelle. Toutefois, ces droits doivent continuer à être construits, financés et garantis dans un cadre collectif. C'est cela le défi, aujourd'hui, pour refonder le modèle social.

Ph. F. : Ces droits personnels ne risquent-ils pas de laisser chacun un peu seul face à ses responsabilités ?

L. B. : Non, certainement pas ! D'abord, aller vers une plus grande « personnalisation » du modèle social ne veut pas dire accepter le « chacun pour soi » ou, pire, abandonner les individus à leur sort. La refondation de notre modèle social doit permettre de lutter plus efficacement contre les inégalités. Pour cela, nous devons prendre en compte le fait que nous ne sommes pas égaux dans la façon dont nous pouvons nous emparer des droits existants. Certains individus sont mieux informés, plus habiles pour trouver les bonnes ressources : ils s'en sortiront toujours. D'autres auront besoin de plus de temps et d'aide pour accéder à l'autonomie. Il ne suffit pas de créer des droits, il faut que ces droits soient effectifs et que tout le monde y ait accès. C'est la raison pour laquelle l'accompagnement global et personnalisé doit être la pierre angulaire de la sécurisation des parcours professionnels.

Ph. F. : Donc, un droit à une seconde chance. Revenons au constat que les formes du travail se diversifient : qui doit, dans ces conditions, financer la protection ? Est-ce, comme on l'entend parfois, à l'individu ou à l'État de se substituer aux entreprises ?

L. B. : Si la puissance publique a tout son rôle à jouer, le financement de certaines protections doit continuer à être assuré par l'employeur. Rappelons qu'il a juridiquement l'obligation de garantir l'employabilité de ses salariés.

Cependant, le financement de notre protection sociale mériterait d'être remis à plat, parallèlement à une réforme globale de la fiscalité. Pour chaque prestation, en fonction de sa finalité et du public visé, il faudrait se demander qui doit contribuer et sous quelle forme : l'impôt, les cotisations sociales, une assurance collective, comme pour la complémentaire santé ? C'est un vrai chantier qu'il faut impérativement mettre en œuvre si on veut préserver la pérennité et l'acceptabilité de notre modèle social.

Ph. F. : L'enjeu est d'autant plus important que les mutations structurelles de l'économie font qu'il y a plus de

travailleurs autonomes qu'hier. Dans le même temps, la multiplication des indépendants, le retour du travail à la tâche, permet aussi à certains employeurs de transformer le lien salarial en une relation contractuelle faussement égalitaire. Un mouvement qui n'est d'ailleurs pas nouveau : le recours à de faux artisans indépendants dans certains métiers du bâtiment à hauts risques était déjà fréquent il y a plusieurs décennies.

L. B. : S'il ne faut pas exagérer l'augmentation du nombre d'indépendants, celle-ci est suffisamment importante pour justifier qu'on établisse un nouveau cadre des relations professionnelles au-delà du lien de subordination juridique. Sans être liés par un contrat de travail, certains travailleurs sont en situation de dépendance économique vis-à-vis de leur « donneur d'ordres » – qui peut être une plateforme telle qu'Uber – parce que l'essentiel de leurs revenus dépend de lui. Il convient donc d'offrir des garanties à ces travailleurs, tout en tenant compte du degré d'autonomie attaché à leur activité. L'universalisation de la protection sociale est une des réponses – plus besoin d'être salarié pour être couvert –, mais il y a aussi tous les droits de l'individu au travail à assurer : représentation et négociation collective, conditions de travail, droit d'expression, qui doivent s'appliquer au travail *via* une plateforme numérique. Il faut enfin responsabiliser les donneurs d'ordres et les contraindre à participer au financement de la protection sociale.

Ph. F. : Dans cette perspective, le compte personnel d'activité (CPA) va dans le bon sens, mais on a l'impression qu'il n'est pas à la hauteur de l'enjeu.

L. B. : Plutôt que de le voir comme une coquille vide, je préfère le considérer comme une première étape. N'en déplaise aux commentateurs, les réformes majeures ne produisent pas immédiatement leurs effets. Le CPA peut être la première pierre d'une refondation de notre modèle social, dans l'esprit de ce que j'ai développé plus haut : un compte rassemblant une vaste gamme de droits personnels, que chacun pourrait mobiliser à tout moment, en bénéficiant de conseils pour les utiliser.

Il y a du pragmatisme derrière ce projet : il faut apporter de la sécurité à des parcours professionnels plus « heurtés » que par le passé. Mais il y a aussi une ambition émancipatrice : celle de donner plus de liberté aux individus pour qu'ils puissent effectuer des choix personnels et professionnels tout au long de leur vie. En d'autres termes, le CPA doit accompagner vers l'autonomie tout en maintenant la solidarité du corps social à l'égard de chacun de ses membres.

Le CPA n'est pas encore un dispositif achevé, il n'en est qu'à ses débuts. Il rassemble des outils existants, comme le compte personnel de formation et le compte de pénibilité. En cela, il a le mérite de donner de la clarté et de la cohérence aux droits personnels, qui ne sont pas toujours connus de ceux qui en bénéficient. Par ailleurs, il réaffirme des principes importants : l'universalité (le CPA est aussi destiné aux fonctionnaires et aux indépendants, pas seulement aux salariés du privé) et l'accompagnement. Bref, le compte personnel existe, et c'est une vraie avancée, mais il faut maintenant aller plus loin.

Ph. F. : Que serait un compte personnel d'activité à la hauteur des enjeux présents et à venir ?

L. B. : À la CFDT, quand nous avons commencé à réfléchir au dispositif il y a plusieurs années, nous ne parlions pas d'un « compte personnel d'activité » mais d'un « compte social personnel » ayant vocation à répondre à la multiplicité des besoins sociaux, parmi lesquels la conciliation des différents temps de vie. À terme, nous souhaitons donc qu'un des éléments essentiels du CPA soit un compte épargne-temps généralisé, qui donnerait la possibilité à tous les salariés d'avoir la maîtrise de leur temps tout au long de leur carrière professionnelle. Pour nous, c'est aussi une nouvelle façon d'aborder la question du temps de travail, en la situant à l'échelle d'une vie.

P. C. : Je souscris totalement à la phrase : « Il ne faut pas protéger les postes mais les personnes. » On idéalise souvent le modèle social français. La France est le pays de l'OCDE où le taux de dépenses sociales rapporté au PIB est le plus élevé. Est-ce le pays où le taux de pauvreté est le plus faible ? Non. Le pays où le taux de chômage de longue durée est le plus bas ? Non. Le pays où les inégalités après impôts et prestations sociales sont les plus faibles ? Non. Il est donc normal de se poser la question de l'amélioration de la performance de notre système de protection sociale, non pour le réduire à la portion congrue, mais au contraire pour le rendre meilleur.

Par ailleurs, une valeur clé de l'écologie est l'autonomie. Notamment celle des femmes. Or, le fameux plein-emploi des hommes pendant les Trente Glorieuses avait pour corollaire le sous-emploi – et donc la dépendance – des femmes. En tant qu'ancien député européen, je ne peux qu'inviter les responsables politiques français à regarder les nouveaux compromis sociaux qui ont été trouvés en dehors de nos frontières, non pour les copier, comme s'il y avait un modèle ailleurs, mais pour s'en inspirer en ce qui concerne la réduction des inégalités dans l'éducation en Finlande, l'articulation entre vie familiale et vie professionnelle aux Pays-Bas, etc.

Ph. F. : Au fond, vous renouez avec le mouvement historique de lutte en matière de réduction du temps de travail, dont l'objectif était moins de créer des emplois que de pouvoir mieux maîtriser son temps de vie. À ceci près que nous ne sommes plus sur une base quotidienne ou hebdomadaire.

L. B. : La répartition du travail est le marqueur d'un choix de société. Notre objectif, c'est un modèle de société juste, dans lequel le travail et la richesse sont équitablement répartis et où il est possible de s'émanciper. C'est ce qui doit guider aujourd'hui notre questionnement sur la réduction du temps de travail. On ne veut plus du modèle historique abusivement qualifié de « plein-emploi » s'il demeure aussi sexiste et renvoie les femmes à la maison. On ne veut pas d'un modèle libéral qui s'organiserait autour d'un noyau de travailleurs à temps plein correctement protégés, avec, aux marges, des travailleurs ultra-précarisés, souvent des femmes en temps partiel subi. On ne veut pas d'un modèle de sous-emploi dans lequel le partage du travail s'effectue par le chômage du grand nombre – modèle qui est pour partie le nôtre aujourd'hui. Il faut inventer un autre modèle de développement, donc un autre partage du travail et de la richesse. Les choix forts effectués par la CFDT sur les retraites, l'allongement de la période de formation initiale et une meilleure régulation du temps partiel pour lutter contre la précarité de certains emplois font partie de cet autre partage.

Historiquement, les gains de productivité ont toujours été absorbés par une baisse du temps de travail. Les 35 heures ont constitué une revendication phare et une grande conquête sociale de la CFDT. Il s'agissait d'un compromis social puissant entre réduction du temps de travail (RTT) et nouvelles organisations du travail plus efficientes. Leur mise en œuvre a donc été un progrès évident pour de nombreuses catégories de salariés, même si je n'ignore pas que d'autres salariés n'ont pas privilégié la RTT, et que certains attendent d'accéder d'abord à un volume horaire suffisant pour vivre dignement.

Mais, si la réduction progressive de la durée hebdomadaire du travail a constitué la réponse séculaire aux gains de productivité, en 2016, la réflexion doit prendre en compte les modifications du travail lui-même et de l'entreprise. Réduire le temps de travail n'a aujourd'hui de sens que si cette réduction prend acte de la difficulté à mesurer le travail en unité de temps autour du seul contrat de travail, sans prendre en compte les contraintes et les aspirations qui en bornent l'exercice (enfants en bas âge, parents dépendants, projets personnels...) et l'existence d'autres temps (de transport, de formation, etc.).

Si nous voulons un nouveau partage du travail plus juste, nous devons y embarquer des revendications sur les temps invisibles : ceux du travail des aidants familiaux, de la formation tout au long de la vie, voire des trajets domicile-travail. Le compte-temps que nous voulons, c'est cela : un outil pour réduire le temps de travail tout au long de la vie en articulant mieux vie professionnelle et vie personnelle. On ne sait pas offrir de solution quand surgit une contrainte ou un événement tels que la naissance d'un enfant ou la dépendance d'un parent, ou quand le travailleur a un projet personnel qui lui tient à cœur. Selon le genre et le niveau de qualification, nous ne sommes pas égaux dans la maîtrise de notre temps. Il y a donc des enjeux d'émancipation, de justice sociale et de qualité de vie derrière cette question du temps.

Ph. F. : Partage du temps de travail, émancipation… Y a-t-il une place pour le revenu de base dans ce nouveau modèle social ?

L. B. : Le débat sur le revenu de base traverse des courants de pensée très différents, depuis l'extrême gauche jusqu'aux ultralibéraux. Prudence, donc : ce dispositif peut exister selon des modalités bien différentes. Sachant cela, il faut voir à quelles conditions l'introduction d'un revenu inconditionnel et universel pourrait être un plus, un mieux par rapport à notre modèle social actuel – en quoi il pourrait contribuer à donner de la sécurité et de la liberté à tous les individus tout en préservant la solidarité. C'est une réflexion que nous menons en ce moment à la CFDT, en mesurant bien les risques possibles. Il ne faudrait pas que la distribution d'un revenu minimum à tous vaille pour « solde de tout compte » : étant donné les inégalités très ancrées de situations et d'opportunités, il ne suffit pas de donner de l'argent aux personnes pour leur permettre d'être autonomes et libres de faire des choix. Le travail demeure une activité fondamentale pour se réaliser et trouver sa place dans la société. Ainsi, je ne crois pas à la thèse de la fin du travail défendue par certains partisans du revenu de base.

Ph. F. : Venons-en maintenant aux entreprises, aux transformations que les entreprises vont devoir gérer du fait de la transition écologique. Comment fait-on, concrètement ?

P. C. : Le premier enjeu est de construire des modèles économiques durables pour les activités vertueuses sur le plan environnemental. Prenons l'exemple de l'agriculture française. Notre modèle n'a pas choisi entre une agriculture ultra-industrialisée, avec des « fermes des mille vaches » partout, à l'américaine ou à la danoise, et une agriculture paysanne qui produit de la qualité et met en avant les terroirs. Les deux types d'agriculture qui gagnent de l'argent, aujourd'hui, sont les très gros céréaliers qui travaillent pour les marchés mondiaux et les agriculteurs bio ou ceux qui vendent en circuits courts. Mais, pour tous les autres, l'enjeu est de réussir à retrouver une valeur ajoutée. En fait, contrairement à ce que l'on entend souvent, ce n'est pas tant la grande distribution qui est en cause (la part qu'elle prend dans l'ensemble de la valeur ajoutée des produits alimentaires n'a pas augmenté) que l'ensemble des intrants : engrais, produits phytosanitaires, aliments pour le bétail, semences, etc., qui constituent un poids croissant pour les agriculteurs et leur met souvent la tête sous l'eau.

Ph. F. : En pratique, un grand nombre d'agriculteurs sont quasiment devenus de faux indépendants, totalement dominés par les fournisseurs en amont et par le marché en aval.

P. C. : Sortir de cette situation suppose d'aller soit vers le tout-industriel – un choix évidemment très problématique en termes d'environnement, de paysage et d'emploi –, soit de recréer de la valeur au niveau des exploitations. Ce qui suppose de modifier les méthodes de production pour être moins dépendants des intrants chimiques ou du soja acheté au Brésil et responsable de la déforestation de l'Amazonie, et de privilégier la qualité à la quantité. Plutôt que de verser des aides à des exploitations engagées dans une logique insoutenable sur le plan économique (et bien souvent écologique), mieux vaudrait donc accompagner leur mutation vers un modèle plus soutenable, quitte à socialiser une part de leurs pertes. On devrait au passage impliquer le Crédit agricole, grand absent de ces débats alors que la question de la dette est permanente pour tous ces producteurs.

Le bilan final pour l'économie française devrait être positif, dans la mesure où toute une partie de la valeur créée dans la filière alimentaire serait captée par les producteurs français, au lieu d'aller au Brésil, en Argentine ou dans l'agrochimie. Mais la réussite d'une telle mutation suppose de conclure un nouveau pacte agricole en mettant tout le monde autour de la table : sortir du face-à-face FNSEA-ministère de l'Agriculture pour élargir le cercle à tous les producteurs, aux distributeurs, aux banques, aux consommateurs, aux élus locaux et aux défenseurs de l'environnement. Et là, une fois fixé un cap clair, on négocie pour savoir quelle part prend chacun dans le financement de cette mutation.

Cela peut paraître utopique en France, mais c'est pourtant comme cela qu'une démocratie mature doit fonctionner : produire une analyse la plus objective possible de la situation, assumer les différences d'intérêts mais les dépasser en les confrontant par la négociation, avoir une puissance publique garante des compromis trouvés dans la durée et expliquer partout sur les territoires les choix qui ont été faits.

L. B. : L'empreinte de l'agriculture sur la consommation d'eau, l'environnement et la santé mérite en effet un débat : c'est un sujet qui nous concerne tous en tant que citoyens et en tant que consommateurs. Mais n'oublions pas que l'agriculture est un secteur stratégique et vital : la

France est – et doit demeurer – une grande nation agricole. Or, face à la concurrence de nouvelles puissances agricoles et aux répercussions de la guerre des prix qui déséquilibre la chaîne de valeur, tous les acteurs sont fragilisés. Depuis 2008, les crises se succèdent. Certains agriculteurs ne peuvent pas vivre décemment des fruits de leur travail, ce qui est dramatique. Mais on ne peut pas, comme la FNSEA, réclamer d'un côté une Europe plus libérale et, de l'autre, dès que ça va mal, demander l'intervention de l'État régulateur. Au lendemain de la décision de l'Union européenne de mettre fin aux quotas laitiers, la FNSEA n'avait pas pipé mot. Aujourd'hui, elle est vent debout.

Nous, à la CFDT, nous pensons qu'il faut réinventer notre modèle agricole pour qu'il soit plus durable économiquement, environnementalement et aussi socialement. À part réclamer des baisses de charges, qu'a fait le monde agricole pour se remettre en question? La France a pourtant porté haut les signes de qualité: les AOC, le Label rouge, etc. Elle dispose d'un patrimoine gastronomique qui est source d'opportunités. Elle devrait être armée pour réfléchir aux débouchés agricoles comme à la manière de positionner chaque exploitation dans une chaîne de valeur porteuse.

La compétitivité n'est pas un gros mot, mais elle ne se résume pas à agir sur la compétitivité-coût: la façon de produire et de distribuer compte. Le meilleur gage d'une exploitation robuste, c'est parfois la diversification. Le meilleur débouché, c'est parfois le circuit court. Prenons l'exemple de la filière du lait. Depuis la fin des quotas, le monde agricole pense pouvoir écouler sa production sous forme de poudre, dont, pour le moment, le marché chinois est friand. C'est une bonne idée en soi, mais pour combien de temps?

Dans le même temps, on laisse les grandes surfaces s'approvisionner au Danemark pour remplir les rayons de lait UHT bio. L'agriculture biologique préserve l'environnement, elle permet aux agriculteurs de mieux valoriser leurs produits et d'avoir une meilleure rémunération. Mais passer d'une agriculture conventionnelle à une agriculture bio, ce n'est pas automatique : il faut être accompagné.

P. C. : Oui, il faut accompagner les agriculteurs avec un but précis : produire mieux, créer plus de valeur ajoutée sur place, importer moins, utiliser moins de pesticides, développer le bio et les labels de qualité, etc. Il faut arrêter de penser que la France doit « nourrir le monde ». Le monde en développement doit se nourrir lui-même, et non se reposer sur les exportations de poulets industriels bas de gamme ! Et il en est tout à fait capable, pour peu qu'on ne le concurrence pas, justement, avec nos exportations à prix cassés.

Ph. F. : En résumé, il est légitime d'accompagner les agriculteurs, car ils sont largement dominés par d'autres acteurs économiques qui leur dictent leur stratégie.

P. C. : On peut tenir le même raisonnement avec les taxis. Le système des licences est en train de s'effondrer en raison de la multiplication des applications permettant d'appeler un VTC (véhicule de transport avec chauffeur). Il n'y a aucune raison pour que le marché de la mobilité partagée soit capturé au profit d'une rente. Mais libéraliser ce marché suppose de racheter une partie des licences des taxis selon un mécanisme assurant une certaine équité en fonction de la situation de chacun. On ne peut pas dire à des personnes qui ont payé des licences parfois plusieurs centaines de milliers d'euros que, du jour au lendemain, celles-ci ne valent plus rien, sauf à avoir des affrontements permanents ! J'ai le sentiment qu'après bien des soubresauts l'État s'engage dans cette voie, qui permet de bénéficier des nouveaux services offerts par la révolution numérique tout en socialisant le coût pour les artisans taxis qui perdent le plus. Reste également bien sûr, comme le disait Laurent, à faire payer à ces nouvelles plateformes le coût de la protection sociale des chauffeurs, même si cela doit prendre de nouvelles formes juridiques.

Ph. F. : Mais cette socialisation des pertes, en raison d'un changement des règles du jeu ou d'une nouvelle orientation donnée à telle ou telle filière, doit-elle profiter à toutes les entreprises ?

P. C. : Non, car de nombreuses entreprises freinent la transition par leur lobbying. J'ai moi-même beaucoup travaillé sur la question du lobbying quand j'étais député européen. Je siégeais dans la commission qui écrit les règles régissant les banques et les marchés financiers. Vous imaginez la puissance du lobbying auquel j'ai été confronté[10] ! Comment doit-on poser le problème ? En constatant tout d'abord que, dans un régime démocratique d'économie de marché, il est normal que les différents intérêts s'expriment et tentent d'influencer ceux qui sont en charge de définir l'intérêt général et de fixer les règles du jeu. Cette pluralité d'intérêts s'exprime donc légitimement à travers l'action par laquelle les différents acteurs économiques et sociaux cherchent à convaincre les élus d'adopter ou de ne pas adopter telle ou telle règle, selon qu'elle les favorise ou, au contraire, les désavantage.

10. Voir Pascal Canfin, *Ce que les banques vous disent..., op. cit.*

Donc les entreprises défendent leurs intérêts, qui sont loin d'être tous identiques, et c'est normal. En revanche, ce qui ne l'est pas, c'est que ce travail d'influence soit opaque et que les moyens mis en œuvre soient aussi inégaux entre catégories d'acteurs. Si j'ai été à l'origine de l'ONG Finance Watch[11], c'est qu'il était nécessaire de casser le monopole de fait dont disposait l'industrie financière face aux élus européens. C'était la condition pour qu'un débat réellement démocratique sur ce que devait être une bonne réglementation des activités financières puisse émerger. En effet, les parlementaires n'entendaient qu'un seul son de cloche, qu'une seule voix, ce qui entraînait une capture de la réglementation par l'industrie financière – avec les effets que l'on a pu constater. Il faut donc que le lobbying s'exerce en toute transparence et d'une manière qui traduise équitablement la pluralité des intérêts.

Pourquoi développer ce point, en apparence peu en rapport avec la question ? Parce que mon expérience m'a prouvé, s'agissant des banques, qu'elles sont parfaitement conscientes des risques liés à leur refus d'accepter une réglementation qui encadre sérieusement leurs activités. J'ai acquis cette conviction en échangeant avec de nombreux professionnels de la finance qui me disaient : « Avant la crise, nous savions que cela ne pouvait pas durer, que l'on faisait n'importe quoi. Mais, comme les règles du jeu le permettaient, pourquoi s'en priver ? » Et ce qui vaut pour les banques vaut pour bien d'autres secteurs d'activité. Alors je pense que les entreprises qui refusent

11. Fondée en 2011, cette ONG européenne s'est donné pour mission « de renforcer la voix de la société et de la faire peser dans les réformes nécessaires de la réglementation financière », afin de contrebalancer le lobby de l'industrie financière. Voir www.finance-watch.org.

de s'adapter – voire qui se livrent à un lobbying forcené pour que rien ne bouge – n'ont pas à être aidées par la puissance publique quand le rapport de force change enfin à leur détriment. Car elles ne peuvent pas dire sérieusement : « Vous me prenez de court, je n'étais pas au courant. » Quand elles finissent par perdre la partie, il n'y a aucune raison de les indemniser ! Et il est légitime, dans le même temps, que ceux qui auront anticipé le changement des règles, qui auront pris des risques et investi avant d'y être contraints, bénéficient pleinement de l'avance acquise.

Il ne s'agit pas d'être « pour ou contre » les entreprises : c'est un débat absurde. Mais pour telle activité et contre telle autre.

Ph. F. : Mais cela suppose qu'un cap soit clairement fixé afin que les entreprises puissent savoir de quoi l'avenir sera fait.

P. C. : C'est bien là le problème. Aujourd'hui, on fait largement semblant d'engager la transition écologique. On fait semblant de réduire les pesticides (leur utilisation a augmenté de 6 % entre 2011 et 2014), on fait semblant de développer le bio (on sera très loin en 2017 des objectifs fixés par le Grenelle de l'environnement au début du quinquennat de Nicolas Sarkozy, voici maintenant dix ans), on fait semblant de fermer la centrale nucléaire de Fessenheim, on fait semblant de développer les énergies renouvelables (nous sommes les derniers en Europe dans la réalisation de nos objectifs). Et l'ironie de l'histoire est que l'on n'arrive pas non plus à terminer la construction de l'EPR de Flamanville ou à mener à bien les travaux de grand carénage de la centrale de Paluel. EDF n'a même aucune idée de la façon dont elle pourra financer les travaux de mise aux normes des centrales existantes !

De fait, le modèle économique d'EDF est en train de s'écrouler, et chacun en prend désormais conscience. Or, faire semblant insécurise tous les acteurs, notamment ceux qui veulent vraiment avancer vers plus d'efficacité énergétique, de technologies décarbonées, de renouvelables, etc. Et, maintenant, chacun se dit qu'il est bien possible que, dans quelques mois, la décision politique sera différente, que la loi sur la transition sera abrogée. Ce qui serait évidemment le scénario du pire.

L. B. : On fait semblant quand on affiche des objectifs ambitieux sans se donner les moyens de les atteindre, sans afficher clairement des priorités industrielles, de recherche et de technologie qui soient cohérentes avec les grands choix énergétiques du pays. Un exemple : les énergies marines renouvelables. Tout le monde s'accorde à dire que le potentiel de développement de l'éolien off-shore est très important en France. Des projets s'élaborent, mais nulle part on ne construit de stratégie globale pour cette filière. On manque cruellement d'un pilote dans l'avion « État » pour impulser la coopération entre tous les industriels concernés, pour accompagner des projets de longue haleine. Et je pourrais aussi évoquer les va-et-vient sur le photovoltaïque, le retard pris sur les besoins en formation concernant la rénovation thermique des bâtiments, etc.

Résultat : on risque de voir des sites de production se développer hors de France, alors même qu'ils s'appuient sur des technologies françaises, issues de la recherche française publique et privée. Ce serait inadmissible ! On doit se donner les moyens de faire émerger les filières d'activité de la transition énergétique, les filières industrielles d'avenir en France et en Europe. Et, là encore, la puissance publique doit jouer son rôle.

Ph. F. : Revenons au cas d'EDF. Faut-il aider l'opérateur historique s'il se voit contraint de fermer un certain nombre de centrales nucléaires qui ne sont pas encore en fin de vie ?

P. C. : Commençons par rappeler qu'un des éléments clés de la prospérité soutenable est d'éviter la monoculture dans tous les domaines. C'est vrai dans le domaine agricole, c'est vrai dans le domaine industriel, c'est vrai dans le domaine monétaire, c'est vrai enfin dans le domaine énergétique. En France, nous sommes aujourd'hui dans une situation unique au monde en termes de dépendance au nucléaire pour la production d'électricité. Le nucléaire représente plus de 75 % de notre mix électrique. Dans le deuxième pays le plus nucléarisé au monde – la Slovaquie –, cette industrie ne pèse que 55 %. Aux États-Unis, pays qui compte le plus grand nombre de réacteurs, elle assure moins de 20 % du total de la production électrique. Et en Chine, souvent donnée en exemple par la filière nucléaire, on est à moins de 3 % ! On mesure l'aberration française. Aller vers une moindre place de l'énergie nucléaire en France, c'est simplement diversifier nos sources d'électricité et donc sortir d'une monoculture qui nous rend particulièrement dépendants à l'égard d'une seule technologie. Un retour à la normale, en quelque sorte !

En outre, le coût de production du kWh nucléaire ne cesse d'augmenter, notamment parce que les exigences de sûreté se sont accrues après les différents accidents qui ont affecté des centrales, comme à Fukushima. Ainsi, la Cour des comptes considère que les provisions demeurant à réaliser pour financer le seul prolongement de la durée de vie des centrales ont atteint 50 à 100 milliards d'euros ! Quant au prix du démantèlement, personne ne le connaît vraiment, sachant qu'il augmente à chaque nouvelle évaluation. Même constat pour les coûts futurs du stockage des déchets.

Nous avons donc une industrie dont les coûts sont croissants, alors qu'en face, du côté des renouvelables, on observe des coûts décroissants. Résultat: les courbes sont en train de se croiser. Cela a été le cas pour l'éolien au début de cette décennie, et il en sera de même pour le solaire photovoltaïque avant 2020. Autant dire qu'il n'est guère rationnel désormais d'investir ou de réinvestir dans une technologie qui n'est déjà plus compétitive aujourd'hui et qui le sera encore moins demain. Non seulement le nucléaire est de plus en plus onéreux, mais il demeure, sur le plan de la sécurité, un facteur de vulnérabilité dans un pays qui n'en a pas besoin. Un parc éolien restera toujours plus sûr qu'une centrale nucléaire – même tout à fait sûre selon son exploitant.

Enfin, la logique française du tout-nucléaire rend notre système électrique totalement non résilient. Un accident quelque part peut justifier d'arrêter toutes les centrales parce que les gens se diront, à juste titre : pourquoi pas les autres ? Accroître la résilience de notre système énergétique suppose donc de sortir rapidement de cette monoculture insoutenable. C'est pourquoi nous avons tout intérêt à opérer vraiment le rééquilibrage du mix énergétique promis dans la loi de transition énergétique. J'insiste sur ce point parce que la programmation pluriannuelle de l'énergie, pour ce qui concerne le nucléaire, a pris tellement de retard que, concrètement, la promesse de François Hollande de réduire la part du nucléaire dans le mix électrique français n'aura même pas été enclenchée durant son quinquennat.

L. B. : La CFDT plaide depuis quarante ans pour un rééquilibrage en faveur des énergies renouvelables. Dans les années 1970, nous étions d'ailleurs la seule organisation syndicale à nous opposer au tout-nucléaire. Cependant, nous avons alerté tout au long de la préparation de la loi de transition énergétique sur le fait que l'objectif de 50% de nucléaire en 2025 n'était pas réaliste. Un objectif de 60% en 2030 nous a toujours semblé beaucoup plus atteignable, notamment pour anticiper correctement les impacts sur l'emploi ainsi que les transitions professionnelles. Mais, là encore, où est la vision sur l'avenir de la filière nucléaire – grands opérateurs et sous-traitants ? La programmation pluriannuelle de l'énergie repousse à 2019 les décisions à prendre sur l'avenir des centrales et elle élude les sujets relatifs à l'emploi et aux transitions professionnelles.

La responsabilité de l'État, comme stratège et comme actionnaire, est patente. Et les problèmes ne datent pas d'aujourd'hui. Pendant longtemps, il s'est octroyé dans les entreprises dont il est actionnaire un niveau de dividendes incompatible avec une politique d'investissements sérieuse sur le long terme. Et il a laissé s'installer une rivalité dévastatrice entre les grands acteurs français. La situation économique de la filière nucléaire est liée à cette myopie. Aujourd'hui, l'État veut enfin rééquilibrer le mix électrique. Mais il devrait rendre des comptes sur les orientations qu'il prend dans les grands groupes où il est actionnaire pour permettre l'atteinte de ses objectifs en matière de transition énergétique.

Ph. F. : Nos dirigeants n'arrivent pas à tourner la page du nucléaire et continuent donc, au mépris de la réalité, à entretenir le mythe d'une technologie de pointe française garante de l'indépendance nationale.

P. C. : Oui, et cela alors que les jeunes ingénieurs considèrent de plus en plus qu'il s'agit désormais d'une énergie du passé. On ne souligne pas assez qu'une des difficultés rencontrées par EDF tient au fait que nous manquons des compétences nécessaires tant pour mener à bien le chantier de l'EPR que pour faire tourner les centrales ou produire du combustible. Tout cela n'intéresse plus ceux qui arrivent dans le métier. Ils préfèrent aller sur les marchés financiers ou créer des plateformes numériques et, s'ils s'intéressent à l'énergie, ils s'investiront dans le renouvelable plutôt que dans le nucléaire. D'où ce problème majeur de déperdition des compétences.

L. B. : Les salariés de la filière sont les premiers garants de la sûreté nucléaire au quotidien, grâce à leurs capacités d'adaptation, à leur conscience professionnelle et à leurs compétences. Mais ils payent comptant les erreurs de stratégie des groupes (en particulier ceux d'Areva et des sous-traitants). Que l'on soit pour ou contre le nucléaire, il faudra gérer cette énergie : si l'on perd les compétences clés et les savoir-faire des salariés, comment pourrons-nous démanteler les centrales ou gérer les déchets dans des conditions optimales ?

Ph. F. : En outre, ne faudra-t-il pas indemniser EDF ou Areva si la France décide vraiment de sortir progressivement du nucléaire ?

P. C. : C'est déjà le cas ! Le gouvernement a annoncé au printemps 2016 le renflouement d'EDF pour 3 milliards d'euros et d'Areva pour 5 milliards. Et puis a-t-on indemnisé les fabricants de diligences quand le chemin de fer s'est développé ? S'il faut aider et accompagner les salariés, notamment avec la création du contrat de transition écologique évoqué plus haut, les entreprises doivent aussi accepter la logique schumpeterienne[12] qui veut que certaines technologies émergent et que d'autres disparaissent ! Certes, dans un domaine comme la politique énergétique, cela dépend aussi des politiques publiques qui sont conduites – il n'y a pas un sens mécanique de l'histoire qui viendrait substituer une technologie à une autre hors de toute régulation publique. Mais on voit bien, dans le même temps, que nous vivons un moment où un ensemble d'innovations – une « grappe » d'innovations, disent les économistes – émerge dans le domaine de la production, de la distribution, de la gestion et du stockage de l'énergie décarbonée. Toutes ces innovations font système et peuvent nous permettre d'inventer l'économie zéro carbone de demain. Si nous ne nous engageons pas dans cette voie rapidement (et cela va bien sûr au-delà de la production électrique pour s'étendre au transport et à l'habitat, notamment), nous irons dans le mur en raison des effets du dérèglement climatique.

Selon les dernières recherches scientifiques, la montée des océans pourrait atteindre deux mètres à la fin du siècle : personne n'a envie de vivre ça. Nous ne sommes pas face à un choix entre deux options : ce n'est pas une question de gauche ou de droite. Soit nous sommes capables de faire face à ce défi de civilisation (car il n'y a aucune chance pour que nous puissions vivre en paix dans un monde à

12. Du nom de l'économiste autrichien Joseph Schumpeter (1883-1950), connu pour ses théories sur les fluctuations économiques, la destruction créatrice et l'innovation.

4 °C de réchauffement climatique), soit nous allons vers des lendemains terrifiants, et c'est pour cela que la myopie de nos élites sur le sujet est déprimante. Ce n'est pas du catastrophisme, juste du réalisme scientifique ! Heureusement, je reste optimiste sur la capacité de notre société à ne pas accepter ce scénario du pire et à inventer l'avenir, comme elle a commencé à le faire en de si nombreux endroits.

Ph. F. : Venons-en maintenant à une question qui fâche : comment va-t-on financer cette transition que vous appelez de vos vœux ?

L. B. : La question du financement est centrale. Elle suppose que les pouvoirs publics mettent en œuvre le bon cadre, notamment sur le plan fiscal. On doit aussi chercher à développer l'investissement socialement responsable (ISR) et obtenir – c'est déjà en cours – que les fonds d'investissement se tournent vers les projets de la transition énergétique, tout en accompagnant les entreprises des secteurs traditionnels vers de meilleures pratiques. Cela suppose cependant que les investisseurs institutionnels jouent le jeu et que le grand public se voie proposer des plans d'épargne responsable au niveau social et environnemental.

Les organisations syndicales de salariés doivent aussi agir pour mobiliser les moyens considérables de l'épargne salariale, des régimes de retraite supplémentaires ou des instituts de prévoyance. Il y a là une masse financière énorme qui peut être en partie mobilisée au service de la transition.

P. C. : On dispose de travaux permettant d'évaluer les financements supplémentaires à mobiliser pour nous placer sur une trajectoire à 2 °C. Menés par l'institut I4CE, ils prennent en compte les investissements déjà réalisés par les ménages, les entreprises et les pouvoirs publics, et ils les comparent à ce qu'il faudrait faire pour nous trouver sur une trajectoire de baisse de nos émissions de 80 % en 2050. Sur cette base, les investissements aujourd'hui réalisés en matière d'efficacité énergétique, de mobilité durable, de développement des renouvelables, etc. s'élèvent à un peu moins de 40 milliards d'euros par an. Il faudrait dix à quinze milliards de plus pour être sur la bonne voie. Même si ce total ne prend pas en compte l'agriculture, il donne un ordre de grandeur. Ces dix à quinze milliards sont à rapporter à la totalité des investissements annuels réalisés en France, soit 450 milliards d'euros !

Le chiffrage ne prend pas non plus en compte le fait qu'il faudra de toute façon investir davantage si l'on décide de prolonger la durée de vie du parc actuel de centrales nucléaires, et que les mêmes sommes pourraient tout aussi bien être investies dans la transition vers les renouvelables. L'un des intérêts des deux ans de débat sur la transition énergétique est d'avoir montré, études à l'appui, que le montant des financements à mobiliser était à peu près équivalent que l'on décide d'engager la transition vers les renouvelables ou de repartir sur du nucléaire pour encore quarante ans. Une partie des financements liés à la transition ne constituent donc pas à proprement parler des dépenses « supplémentaires » puisque, de toute façon, il faudra bien investir pour produire l'énergie électrique de demain.

Considérons néanmoins qu'il faille investir dix à quinze milliards d'euros supplémentaires chaque année. Entre un tiers et la moitié correspondent à des financements publics, le reste ayant vocation à être apporté par les ménages ou les entreprises. L'argent public est destiné à financer les investissements dans les infrastructures et à soutenir l'investissement des entreprises ou des ménages *via* des crédits d'impôt ou des garanties publiques, par exemple. Dans cette hypothèse, le montant d'argent public à dégager tourne autour de 5 milliards d'euros par an. Ce constat implique de définir une stratégie concrète de mise en œuvre et de financement de la transition écologique, qui n'a toujours pas vu le jour en raison de l'opposition du ministère des Finances.

J'ai évoqué ce sujet à de nombreuses reprises lorsque j'étais au gouvernement : sans succès. On a élaboré une stratégie pour décarboner l'économie, on a fait une loi de transition énergétique, mais sans définir le volet financier. Un peu comme une entreprise qui aurait conçu une belle stratégie mais pas le business plan permettant de la mettre en œuvre. Faisons donc ce business plan ! Identifions ce qui a vocation à être financé par le secteur public, par les entreprises et par les ménages. Évaluons qui perd, qui gagne, et quels coûts (mais aussi quels bénéfices, *via* l'impôt) ont vocation à être socialisés. Estimons les effets positifs sur l'emploi et les adaptations à conduire sur les plans quantitatif, qualitatif et territorial. Mesurons les effets positifs sur la balance commerciale. Sur ces bases objectives, ensuite, chaque parti pourra dire : « Voilà mon plan pour y parvenir », ou expliquer que le climat « n'est pas son problème ».

Ph. F. : Pour vous, les prélèvements ont vocation à demeurer stables en niveau, mais avec une assiette modifiée ?

P. C. : Oui. Le niveau global de fiscalité lié à la transition doit demeurer stable – sachant qu'on peut discuter de la nécessité ou non d'augmenter d'autres dépenses en raison de nos préférences collectives. En revanche, la structure des prélèvements doit évoluer et devenir plus intelligente au regard de l'objectif poursuivi. Ce qui signifie, par exemple, modifier l'assiette de la TVA de telle manière que les biens et les services verts bénéficient d'un avantage compétitif et, inversement, que les biens polluants soient désavantagés, par la suppression des niches fiscales qui les protègent. Ainsi, le diesel continue de bénéficier d'une aide fiscale à l'achat, alors que son caractère émetteur de particules fines cancérogènes n'est plus à démontrer.

De même, il faut faire évoluer la fiscalité de l'énergie en intégrant un prix du carbone à la hausse. La tendance est bien engagée grâce à la loi sur transition, mais la baisse du prix du pétrole offre la possibilité d'aller plus vite.

Ph. F. : Êtes-vous favorable à l'écotaxe ?

L. B. : La CFDT a défendu l'écotaxe poids lourds et en regrette l'abandon – c'est l'une des occasions gâchées de ce quinquennat. Nous sommes favorables à une fiscalité écologique qui envoie des incitations claires aux acteurs économiques afin d'orienter les investissements et d'inciter à une consommation plus responsable. C'est une condition indispensable à la réussite de la transition écologique. Mais cette fiscalité doit être juste : elle ne doit pas faire peser une charge excessive sur les épaules des ménages les plus fragiles, qui n'ont pas toujours les moyens d'avoir des comportements écologiques. Aussi faut-il utiliser le produit de ces taxes dans une finalité environnementale : aider les ménages les plus défavorisés à diminuer leurs consommations énergétiques et accompagner la reconversion des secteurs industriels concernés.

Enfin, quand on parle de fiscalité, on ne peut pas se contenter d'ajouter des taxes par-ci par-là sans se soucier de la cohérence de l'édifice. Notre système de prélèvements obligatoires est illisible parce qu'il est grevé de dérogations et de micro-taxes qui atténuent en fin de compte sa progressivité. Il faut engager une réforme globale de la fiscalité afin de la rendre plus juste et plus lisible. Dans ce cadre, la fiscalité écologique a évidemment toute sa place.

P. C. : Par principe, aucun secteur n'aime être taxé. Vous parlez d'une taxe sur l'eau aux agriculteurs ? C'est scandaleux ! D'une taxe sur les carburants aux transporteurs ? C'est scandaleux ! D'une taxe sur les transactions financières aux financiers ? C'est scandaleux ! Si j'étais le représentant de ces différents secteurs, je dirais sans doute la même chose… Toute la question est de savoir si la politique consiste à additionner les demandes de tous les corporatismes et de tous les lobbys puis de voir s'il est encore possible de faire quelque chose. Ou si elle a vocation à établir de nouveaux compromis, et donc à assumer de prélever une écotaxe sur le transport et à faire payer le vrai prix de l'eau aux agriculteurs dont les cultures intensives sont indirectement subventionnées par les ménages et les entreprises. Tout cela progressivement, mais avec un cap clair et sans ambiguïté sur le fait qu'on le fera réellement.

Ensuite, il faut dire ce que le gouvernement compte faire avec les ressources dégagées. Celles-ci doivent être clairement redistribuées sous forme d'aides ou de baisses de prélèvements pour les activités que l'on souhaite encourager. Par exemple, faire payer à son juste prix l'eau utilisée par l'agriculture polluante doit permettre de diminuer les prélèvements sur l'agriculture biologique ou la polyculture élevage.

Plus généralement, il faut arrêter de subventionner la consommation d'énergies fossiles. Ce n'est pas très connu, mais la Banque mondiale a montré que les énergies les plus subventionnées dans le monde n'étaient pas les renouvelables, mais bien les fossiles ! Et quand on intègre, comme l'a fait le FMI en 2015, le coût des « externalités négatives » – c'est-à-dire, par exemple, le coût pour le système de santé des maladies liées aux pollutions associées aux énergies fossiles –, on arrive au chiffre astronomique de 10 millions de dollars de subventions par minute. On marche sur la tête, non ? Les incitations économiques fonctionnent totalement à l'envers et soutiennent en réalité l'utilisation des énergies fossiles. Les mécanismes du marché doivent, au contraire, intégrer les externalités négatives liées aux énergies fossiles dans le système de prix – ce qui accélérera mécaniquement la transition vers des modèles de production moins polluants.

Ph. F. : Bref, la transition écologique suppose de redéployer une partie de la fiscalité sans pour autant l'augmenter.

P. C. : Oui, et cela n'interdit pas d'observer que nous sommes aujourd'hui engagés dans une politique du « toujours moins » de prélèvements sur les entreprises et du « toujours plus » sur les ménages. En France, lorsqu'on rapporte ce que pèse l'impôt sur les bénéfices des sociétés à la totalité du PIB (donc à la richesse économique créée en une année), on arrive à un chiffre inférieur à la moyenne des pays de l'OCDE, contrairement à ce que pourrait laisser penser le discours dominant sur ce sujet[13] ! Et une

13. Source : data.oecd.org.

récente étude du cabinet Ernst & Young montre que la fiscalité des entreprises françaises est dans la moyenne de l'Union européenne : notre pays est loin d'être un enfer fiscal. Il n'y a donc aucune raison de continuer dans cette voie. D'autant que, lorsqu'on examine les critères qui décident les entreprises mondiales à s'implanter dans tel ou tel pays, on constate que l'aspect fiscal passe derrière la qualité des infrastructures, la qualification de la main-d'œuvre ou la taille du marché accessible.

Arrêter cette course vers le « toujours moins » fiscal pour les entreprises nous redonnerait donc déjà des moyens d'agir. Ensuite, en matière de lutte contre les paradis fiscaux, on peut aller encore plus loin. Certes, il ne suffit pas de claquer des doigts pour y parvenir et engranger les recettes correspondantes. Mais, quand l'on regarde les progrès réalisés depuis le début de la crise de 2008 au niveau mondial, on constate qu'en continuant dans cette voie, et en s'attaquant notamment aux multinationales qui pratiquent l'évitement fiscal, on pourrait sans doute dégager la plus grande partie des financements complémentaires requis pour réussir la transition.

Le montant total du manque à gagner pour l'État lié à la fraude fiscale est estimé autour de 50 milliards d'euros. Les recettes engrangées par la lutte contre la fraude sont en 2015, selon le ministère des Finances, de 12 milliards d'euros (contre 10 milliards en 2014), alors que les principales mesures adoptées au niveau international – comme l'échange automatique d'informations pour les multinationales – ne sont pas encore entrées en vigueur. La perspective de récupérer au moins 5 milliards de recettes de plus par an est donc tout à fait réaliste.

Ph. F. : Au-delà de la transition *stricto sensu*, une société qui produit plus de liens et moins de biens, où les gens qui délivrent les services aux personnes voient leur qualification reconnue et accèdent à un revenu correct, n'est-elle pas aussi une société qui accepte un haut niveau de prélèvements obligatoires ?

L. B. : Le niveau de prélèvements doit être fixé en fonction de ce que l'on attend de l'action publique, en termes de protection, de solidarité, d'investissements, de bien-être… Et si, comme je le pense, on souhaite aller vers une société juste et durable, alors oui : on a besoin d'un haut niveau de prélèvements. Reste à déterminer qui doit payer, pour quoi faire et au profit de qui. Se diriger vers une autre société remet en question la manière dont la richesse et la fiscalité sont réparties. Après, il est facile de tenir ce discours-là de façon générale, de dire qu'il faut réformer la fiscalité, lutter contre la fraude et les paradis fiscaux, faire payer les plus riches, taxer davantage le patrimoine, etc. En pratique, les inégalités sont également criantes à l'intérieur même du salariat !

P. C. : Attention à ne pas toujours tout attendre d'une hausse des impôts ! Il existe de multiples façons d'améliorer le bien-être des plus défavorisés sans passer nécessairement par une augmentation de la redistribution. Par exemple, une partie des politiques sociales revient à permettre à des familles d'acheter leur nourriture dans des supermarchés *low cost* qui reposent sur une économie de moins-disant social et environnemental. Pourquoi ne pas faire l'inverse : accorder une partie des aides sociales en « nature », à savoir en mettant à la disposition des personnes concernées des terrains non utilisés pour en faire des jardins partagés, où tous les outils seront à leur disposition et où quelqu'un les aidera à produire ce dont elles ont besoin ? C'est meilleur pour leur bien-être et pour leur santé, car l'une des conséquences majeures de la mauvaise alimentation (et de l'inactivité) est l'obésité, qui touche, selon l'Inserm (Institut national de la santé et de la recherche médicale), quatre fois plus les plus pauvres que les plus riches. Évidemment, cela implique d'être un peu créatif et de laisser les territoires organiser ces innovations.

Autre exemple : la santé. On pourrait tout à fait augmenter l'efficacité-coût de notre système de santé en organisant autrement les soins de ville, si le corps médical acceptait de déléguer certaines tâches, pour lesquelles il n'est pas nécessaire d'être diplômé à bac + 10, à des personnels médicaux de niveau bac + 3, donc moins chers mais tout à fait compétents pour signer un certificat sportif ou soigner un rhume des foins !

Il existe des marges de manœuvre pour construire un système plus juste et plus universel dans l'accès aux biens communs, sans viser toujours davantage de redistribution. Il faut avant tout dépenser mieux et non dépenser plus.

Chapitre 4
CIVILISER LA MONDIALISATION

Philippe Frémeaux : Vous insistez sur le fait que la transition écologique pourra être bénéfique sur le plan des créations d'emplois. Il est nécessaire de rassurer les gens, mais il faut aussi rappeler que l'alternative n'est pas « changer de modèle par égard pour la planète ou continuer tranquillement comme aujourd'hui ». Car ne rien faire nous conduit avec certitude à la catastrophe.

Pascal Canfin : Effectivement, si engager la transition ne peut qu'être bénéfique sur le plan économique et sur le plan de l'emploi, ce n'est pas le seul moteur qui doit nous conduire à le faire, ni même le premier. La question majeure est d'abord de créer les conditions qui nous permettront de vivre en paix dans un monde à neuf milliards d'habitants. Le moteur principal pour engager la transition est donc civilisationnel, au sens le plus fort du terme. Le Giec (Groupe d'experts intergouvernemental sur l'évolution du climat) n'a pas reçu le prix Nobel des petites fleurs, mais le prix Nobel de la paix. Pourquoi ? Parce qu'un monde à 4 °C ou 5 °C de réchauffement ne peut pas être un monde en paix – ni un monde démocratique.

Un réchauffement climatique incontrôlé provoquera un dérèglement profond et rapide des équilibres écologiques, de nature à engendrer une forte baisse des rendements agricoles. Cela entraînera d'importantes migrations à l'intérieur des pays concernés, puis du Sud vers le Sud et enfin du Sud vers le Nord. Ainsi, des dizaines de millions d'habitants du Bangladesh ou du delta du Nil seront obligés de partir si le niveau de la mer monte comme cela est annoncé par les scientifiques. Dans un premier temps, ils ne viendront pas en Europe : ils iront d'abord dans d'autres endroits de leur pays ou dans d'autres pays de la région, ce qui ne manquera pas de faire exploser des compromis économiques, sociaux et politiques déjà fragiles.

Prenons le cas de la Syrie. Au-delà des causes politiques, confessionnelles et géopolitiques évidemment bien réelles, elle a subi, de 2006 à 2009, une sécheresse historique qui a conduit de nombreux paysans, parmi les plus pauvres, à quitter leur terre. Neuf cent mille personnes ont été ainsi déplacées au sein du pays, s'ajoutant au million d'Irakiens qui s'étaient réfugiés en Syrie pour fuir la guerre en Irak. Bref, ce pays, dont la population totale s'élevait à l'époque à un peu moins de 20 millions d'habitants, comptait soudain près de 2 millions de personnes déplacées ou réfugiées. À l'échelle de la France, c'est comme si l'on avait très rapidement 6 millions de déplacés, pour moitié en raison d'une forte sécheresse dans le Sud-Est et pour moitié à cause d'une guerre en Italie ! Peut-on supposer une seule seconde que ça n'aurait aucun impact sur les compromis sociaux et sur nos institutions démocratiques ? Quand on voit les débats que suscite aujourd'hui l'arrivée de quelques milliers de réfugiés syriens, imaginons ce que provoquerait l'afflux de 6 millions de migrants ! Sans préjuger des réactions qu'aurait alors la société française – car, face à un choc de cette ampleur, le pire n'est jamais sûr –, on peut tout de même se représenter des scénarios peu désirables.

Ainsi, le drame que connaît la Syrie aujourd'hui résulte à la fois de causes politiques et géopolitiques bien connues des analystes, mais aussi d'un contexte social lié à des facteurs environnementaux que ces mêmes analystes tendent à ignorer. Pourtant, WikiLeaks a révélé des échanges diplomatiques américains d'avant la crise qui expliquaient justement que, si la sécheresse durait, cela ne pourrait pas ne pas avoir de conséquences politiques majeures. Malheureusement, elle a duré…

Ph. F. : Bref, les facteurs environnementaux, dans un monde limité où les conditions climatiques se dégradent, sont un puissant facteur de déséquilibres géopolitiques.

P. C. : Le département d'État américain estime officiellement que le dérèglement climatique est un « multiplicateur de menaces » – ce qui me paraît la bonne expression. Aujourd'hui, le réchauffement constaté s'élève à 1 °C par rapport à l'ère préindustrielle. À ce stade, cela ne suffit pas à expliquer les conflits issus des ruptures d'équilibre au sein d'un pays ou entre pays. En revanche, dès aujourd'hui, cela ajoute à la fragilité intrinsèque de nombreux États en bouleversant les compromis régionaux entre communautés, par exemple. Cela peut être l'étincelle faisant exploser ce qui, autrement, aurait pu être géré. Sur ce plan, la crise syrienne est sans doute l'une des premières venant illustrer cette analyse, avec les conséquences que l'on connaît sur tous les pays environnants et sur l'Europe.

On peut en dire autant à propos de Boko Haram. Pourquoi ce mouvement se développe-t-il dans cette région du lac Tchad, au nord-est du Nigeria ? Il y a évidemment une raison historique liée au rapport compliqué qu'a toujours entretenu cette région avec le reste du pays. Mais, de surcroît, le lac Tchad a perdu en quelques décennies 80 % de sa superficie, créant une tension colossale sur les ressources qui a rendu le tissu social toujours plus fragile et exacerbé les conflits entre éleveurs et agriculteurs. Dans ce contexte de montée des tensions, la religion est instrumentalisée, comme les appartenances ethniques. Tout cela fabrique de la conflictualité au lieu de fabriquer du compromis, et crée un terreau favorable au terrorisme et à tous les trafics. Quand j'étais ministre du Développement, j'ai pu discuter avec des habitants du sud du Tchad qui m'expliquaient qu'il était devenu impossible pour les hommes de gagner leur vie. Or, ne pas être capable de rapporter de l'argent, dans ces communautés comme dans d'autres, c'est perdre toute dignité. La seule façon de s'en sortir consiste alors à passer du côté de l'économie mafieuse : se rapprocher de Boko Haram en cachant des armes, en portant des valises ou en rendant d'autres menus services en échange d'un peu d'argent, contribuant ainsi à créer les conditions permettant à ce mouvement terroriste de constituer des bases, de se cacher, etc.

On constate donc un lien très fort entre sécurité et environnement. Nous devrions être beaucoup plus attentifs au fait qu'un système insoutenable sur le plan environnemental produit de l'instabilité qui dégénère tôt ou tard en insécurité. En somme, pour avoir la sécurité, nous devons avoir la stabilité – et donc la soutenabilité. Cette approche des « 3S » – soutenabilité-stabilité-sécurité – me paraît centrale aujourd'hui.

Ph. F. : Vous insistez sur des aspects géopolitiques en liant enjeux environnementaux et stratégiques, ce qui est peu fréquent chez les écologistes.

P. C. : Il est sûr que mon expérience au quai d'Orsay m'a fait baigner dans cette réalité géopolitique, et j'y suis sans doute plus sensible que d'autres. Mon parcours me permet de lancer des ponts entre l'écologie, l'économie, la finance, la géopolitique. Tant mieux si cela peut être utile !

Laurent Berger : La mondialisation a toujours été traversée par des vents contraires mettant en tension enjeux économiques, sociaux et environnementaux. Mais, aujourd'hui, les interdépendances sont plus intenses que jamais. Les grands défis ont une dimension mondiale : ce qui est vrai pour la préservation du climat l'est tout autant pour la menace terroriste, la sécurité alimentaire, les flux migratoires ou encore l'évasion fiscale. Les grandes entreprises évoluent d'ores et déjà dans un cadre international, et c'est ainsi qu'elles mettent en concurrence les écosystèmes, les mains-d'œuvre, les fiscalités, les systèmes sociaux. Nous demeurerons impuissants si, face à ces défis, et face à ces nouveaux acteurs qui gagnent en pouvoir, nous limitons nos moyens d'action à un cadre national. Entendons-nous bien : le problème, ce n'est pas la mondialisation. N'oublions pas ce qu'elle rend possible en termes d'échanges, d'ouverture, de circulation des savoirs – en matière aussi de lutte contre la grande pauvreté, quand les politiques publiques sont au rendez-vous. Le problème est que, en l'absence de régulations adaptées, la mondialisation engendre des déséquilibres et des crises, des inégalités entre les pays du Nord et ceux du Sud comme au sein même des États.

Le modèle dominant de l'économie globalisée conduit à l'intensification du travail et à la surexploitation des ressources naturelles. Par exemple, la segmentation internationale de la production permet aux grandes firmes de répercuter une pression accrue sur les entités qui gravitent autour d'elles : filiales, fournisseurs, prestataires et, *in fine,* les salariés. Plus une entreprise se trouve « en périphérie », plus les conditions de travail y sont dégradées, et moins les pratiques en matière d'environnement ou de dialogue social y sont exemplaires. Rappelons-nous le drame survenu en 2013 au Bangladesh : le Rana Plaza, un immeuble insalubre qui abritait des usines textiles sous-traitantes de plusieurs marques occidentales, s'est effondré en faisant 1 138 morts et des milliers de blessés. En outre, la priorité donnée à la rentabilité de très court terme dans la gestion des entreprises conduit à une volonté toujours plus grande de réduire les coûts de production. Cela entraîne l'externalisation et la délocalisation d'activités, l'intensification et la flexibilisation du travail, ainsi que des atteintes à l'environnement.

La solution n'est pas de sortir de l'économie de marché ou de fermer nos frontières. Ce qu'il faut, c'est se doter des bons outils de régulation aux niveaux pertinents. Cela implique de renforcer le droit et les accords internationaux, d'aller vers une gouvernance mondiale plus démocratique et équitable. Ainsi, la création d'une organisation mondiale de l'environnement irait dans le bon sens. On doit aussi développer les solidarités et les coopérations internationales car, même si les chocs mondiaux ne nous frappent pas tous de la même façon, ce n'est qu'ensemble que nous les surmonterons. L'adoption en 2015 des Objectifs du développement durable (ODD) est certainement une chance pour déployer des politiques en ce sens.

Ph. F. : Vous soulignez l'importance d'un cadre d'action global. Mais que peut le syndicalisme, qui, contrairement aux multinationales, demeure ancré dans l'espace national ?

L. B. : La force du syndicalisme, c'est son implantation dans les lieux de travail. Mais, heureusement, nous avons aussi les moyens d'agir en dehors des murs de l'entreprise et nous savons unir nos forces. Le monde syndical est de mieux en mieux structuré aux niveaux international et européen, au sein de la Confédération syndicale internationale (CSI) et de la Confédération européenne des syndicats (CES). C'est notamment en lien avec la CSI que nous avons préparé toutes les conférences mondiales sur le climat, dont, en 2015, la COP21. Nous nous sommes mobilisés pour que l'accord conclu à Paris intègre le droit de chacun à un travail décent et la notion de « transition juste » – une transition qui concilie développement, progrès écologique et progrès social. Les travailleurs veulent être partie prenante de la lutte contre le changement climatique, mais il n'est pas question qu'ils soient de simples variables d'ajustement. Même si nous aurions préféré qu'elle figure dans la partie opérationnelle du texte plutôt que dans son préambule, la référence à la « transition juste » donne désormais une base à partir de laquelle nous allons pouvoir interpeller les dirigeants nationaux : il faut qu'ils prennent en compte les enjeux humains et sociaux dans leurs politiques de lutte contre les changements climatiques.

Ph. F. : Revenons à la question de la régulation. Comment faire, concrètement ? Face à la mondialisation de l'économie, il n'y a pas encore d'internationalisation du droit.

L. B. : Il y a bien un droit international, mais il s'applique aux acteurs traditionnels que sont les États et les individus, pas aux entreprises. Alors que celles-ci sont des acteurs majeurs, rien dans le cadre public établi ne vient limiter leur pouvoir. Face à cela, et alors que les moyens de la puissance publique s'affaiblissent, les États et la société civile doivent utiliser leurs prérogatives et leur influence pour contraindre les multinationales, quand c'est nécessaire, à respecter les principes universels. Pour le moment, on voit se développer des « principes directeurs » (ceux des Nations unies relatifs aux entreprises et aux droits humains ou ceux de l'OCDE à l'intention des entreprises multinationales), des référentiels internationaux (ISO 26 000, Global Reporting Initiative) et des codes de conduite. C'est un vrai progrès, mais la limite de ces outils est qu'ils ne sont pas contraignants, et donc qu'ils ne suffisent pas pour transformer les pratiques en profondeur.

Ph. F. : Comment, dans ce cas, s'assurer que les exigences humaines et environnementales soient respectées tout au long de la chaîne d'approvisionnement ?

L. B. : Le droit doit évoluer, et c'est d'abord une question de volonté politique. Une proposition de loi visant à instaurer un devoir de vigilance des multinationales est actuellement en débat en France. Elle obligerait les entreprises à identifier et à prévenir les violations des droits humains et les atteintes à l'environnement que pourraient provoquer leurs activités, comme société-mère ou comme donneuse d'ordres. Il leur serait demandé d'établir un plan de vigilance, de le rendre public et de le mettre en œuvre. Le cas échéant, leur responsabilité civile pourrait être engagée.

Les organisations patronales ne veulent pas de cette loi, car elles en ont peur. Pourtant, en agissant sur la prévention des risques, notamment réputationnels[14], la RSE

14. Il s'agit du risque, pour une entreprise, de voir son image rapidement détruite par une campagne médiatique ou des commentaires défavorables sur les réseaux sociaux.

(responsabilité sociale des entreprises) peut être un puissant levier de compétitivité dans une société de plus en plus sensible à l'image des marques. Et les entreprises françaises sont en général déjà bien positionnées sur ces questions. La CFDT est très engagée dans ce domaine et elle met tout son poids, en lien avec des ONG membres du Forum citoyen pour la RSE, pour que cette loi voie le jour.

La mobilisation ne se limite pas au cadre français : il existe une initiative européenne pour une directive sur le sujet. Au niveau international, nous demandons l'adoption d'un traité des Nations unies sur le respect des droits humains par les multinationales.

Ph. F. : En quoi la responsabilité sociale et sociétale des entreprises peut-elle vraiment être un levier du changement ? Que répondez-vous à ceux qui pensent que c'est surtout de l'écoblanchiment ?

L. B. : La RSE est l'occasion, pour l'entreprise, d'établir un plan d'action qui articule les trois piliers du développement durable, afin que les conséquences sociales, économiques et environnementales de ses activités ne soient pas traitées de façon cloisonnée. Cela peut constituer un levier efficace, à condition de ne pas céder à la tentation de l'institutionnaliser, d'en faire un « truc d'initiés » ou une simple opération de communication. Les conditions de réussite et d'effectivité de la démarche sont nombreuses. Pour ne pas être un simple supplément d'âme, la RSE doit être intégrée à la stratégie de l'entreprise et à ses processus de management – y compris au dialogue social, comme c'est déjà le cas dans certaines grandes entreprises. Parce que, si le directeur des achats voit sa rémunération indexée sur la baisse des coûts, alors il n'aura vraiment que faire des objectifs sociaux et environnementaux ! Ces objectifs doivent être accompagnés de moyens de mise en œuvre et d'évaluation des résultats. Mais le plus crucial, selon moi, est de rappeler que la RSE ne saurait être une démarche unilatérale : à toutes les étapes, depuis la définition de la stratégie jusqu'à l'évaluation, les parties prenantes – au premier rang desquels les salariés – doivent être incluses. Or, le chemin est encore long pour véritablement associer les salariés aux choix de l'entreprise, pour que la stratégie comme le reporting extra-financier fassent l'objet d'un véritable dialogue et d'un débat. J'espère que la transposition en droit français de la directive européenne sur le reporting sera l'occasion d'aller plus loin.

Ph. F. : Comment s'assurer que l'entreprise tient réellement ses engagements ?

L. B. : Il faudrait par exemple renforcer la protection des lanceurs d'alerte. Au nom de l'intérêt général, ces personnes prennent des risques pour dénoncer des dangers relatifs à la santé ou à la sécurité, des atteintes aux droits du travail, une dégradation de l'environnement ou toute situation contraire à l'ordre public. Elles méritent d'être protégées et accompagnées – et non isolées ou sanctionnées.

Il y a aussi un vrai travail à fournir sur le contrôle des engagements, qu'ils concernent les relations de l'entreprise avec ses fournisseurs sur le territoire national ou à l'autre bout du monde. Ce dernier point nécessite également de renforcer les acteurs syndicaux dans les pays concernés. Il existe des accords-cadres internationaux (ACI) qui peuvent être négociés entre une fédération syndicale mondiale et une entreprise multinationale, par lesquels celle-ci s'engage à respecter un certain nombre de droits sociaux sur tous ses sites dans le monde. Dans le cadre de projets de coopération syndicale, la CFDT agit pour mieux informer les syndicats sur place de l'existence de ces accords et pour les aider à négocier et à interpeller en cas de manquements – en lien avec les équipes syndicales qui travaillent dans la maison-mère. On en est au début, mais on progresse. Le potentiel de ces ACI est énorme si on se donne les moyens de les faire appliquer. En définissant un socle de standards sociaux et environnementaux partagés au sein d'une même multinationale, ils peuvent contribuer à tirer vers le haut les conditions de travail dans les pays les moins développés et à réduire les écarts de coûts salariaux entre travailleurs du monde entier.

Ph. F. : Une forme de coopération Nord-Sud, justement ?

L. B. : Oui. La CFDT est la seule organisation syndicale française dotée d'une institution de coopération syndicale internationale, l'Institut Belleville, qui dispose d'un fonds alimenté par une fraction de la cotisation de nos adhérents. Historiquement, cela nous a permis de soutenir des luttes qui ont compté, comme celle de Solidarnosc contre le régime communiste en Pologne, celle de la CUT (le principal syndicat brésilien) contre le régime militaire, ou encore celle de l'UGTT en Tunisie pour défendre la démocratie. Cette institution nous permet aujourd'hui de concevoir et de développer des partenariats avec les acteurs syndicaux des pays en développement ou des pays émergents, pour favoriser leur renforcement. L'immense majorité des travailleurs de ces pays sont dans l'économie informelle, ils ne bénéficient d'aucune protection ni représentation : structurer le syndicalisme y est donc un enjeu majeur.

Par exemple, nous menons un vaste programme de soutien à l'action syndicale en matière économique et sociale pour faire du travail décent une réalité en Afrique de l'Ouest. Dans ce continent, où l'émiettement syndical affaiblit les moyens d'action, nous coordonnons le travail commun de vingt-cinq organisations syndicales francophones, en partenariat avec la CSI Afrique. Le but est de former ses représentants aux questions de protection sociale et d'analyse budgétaire, afin d'accroître leur capacité à influencer les politiques publiques. La seconde phase de ce programme, selon le souhait des syndicats partenaires, sera tournée vers les enjeux de la RSE à travers l'application des ACI que j'évoquais plus haut.

P. C. : Toutes les initiatives que Laurent vient d'évoquer contribuent à tirer la mondialisation vers le haut et à diminuer la mise en concurrence permanente des règles de protection sociale et environnementale – laquelle est, ne soyons pas naïfs, une des facettes de la mondialisation. C'est donc essentiel, et le WWF est d'ailleurs l'une des ONG les plus engagées pour construire des règles et des standards internationaux, en l'absence, comme nous le rappelions, d'un droit international homogène pour mettre fin à la déforestation ou à la destruction des ressources de nos océans par la surpêche.

Je note deux évolutions positives récentes dans la construction d'un droit international encadrant la mondialisation. Premièrement, contre les paradis fiscaux, les États se sont enfin mis d'accord pour mettre en place l'échange automatique d'informations fiscales à partir de 2018 et pour sanctionner les pays qui ne jouent pas le jeu. Sous réserve que cette mesure soit véritablement appliquée, elle changera la donne en rendant beaucoup plus difficile l'évasion fiscale des plus riches. Ainsi, le secret bancaire suisse est tombé : c'était inimaginable il y a encore quelques années. Deuxièmement, du côté du climat, l'accord de Paris fixe une feuille de route universelle pour aller vers une économie neutre en carbone dans la seconde moitié du siècle. Tout le défi de la préparation de la COP21, à laquelle j'ai contribué comme ministre entre 2012 et 2014, était de passer d'une logique de partage du fardeau et des responsabilités à une logique de partage des solutions. Alors qu'en 2009, à Copenhague, les pays préféraient se renvoyer la balle et les responsabilités, en 2015, à Paris, ils ont décidé de coopérer avec des règles du jeu communes. Ce n'est qu'un premier pas, mais un premier pas important. Si on ne souligne jamais ce qui avance, on désespère tout le monde !

Ph. F. : Tous ces éléments permettent d'avancer vers une transition qui profiterait à tous, au Nord comme au Sud. Reste qu'il n'est pas facile de vendre cette approche dans une France tentée par le repli sur soi.

P. C. : Une des raisons de la montée du vote Front national tient au fait que les Français se pensent comme des perdants de la mondialisation. Cette conviction est largement partagée, mais elle s'alimente de raisons différentes selon les générations et les positions sociales. Chez les plus âgés, il y a le fait que la France a perdu son empire, qu'elle n'est plus une grande puissance. Le « prestige » colonial est définitivement derrière nous.

La deuxième raison, qui concerne une partie du monde salarié, est que le pays s'est désindustrialisé, à la différence de l'Allemagne – qui peut se penser comme gagnante de la mondialisation parce qu'elle est parvenue à maintenir, voire à développer, sa puissance industrielle en profitant des occasions offertes par le développement des pays émergents, à commencer par la Chine. Les ouvriers français n'ont pas eu souvent l'occasion de s'imaginer en héros de la mondialisation, à la différence de ceux des PME allemandes exportatrices. Cette différence profonde entre les deux pays explique de nombreuses divergences d'analyse politique, au-delà des clivages gauche-droite. Il ne faut jamais oublier que nous accumulons les déficits commerciaux, quand près de la moitié de ce que produisent les Allemands part à l'export !

Un troisième facteur tient à l'Europe. Nous avons longtemps attendu d'elle qu'elle apporte la réponse aux problèmes que nous n'étions plus en mesure de régler dans le cadre national. L'Europe devait être le moyen de démultiplier une puissance française déclinante. En édifiant une Europe à la française, une Europe-puissance, nous exposerions à nouveau notre panache national. Or, cela ne marche pas non plus ! Du coup, l'Europe est désormais davantage vécue comme un frein à notre capacité d'agir que comme un levier.

Et c'est l'addition de ces trois dimensions qui se révèle très problématique, parce qu'elle touche des personnes très différentes, des générations très différentes, mais qui se rejoignent dans l'idée d'un déclin inexorable. C'est une vision négative du monde bien plus forte qu'ailleurs, qui mine notre capacité collective à nous projeter dans l'avenir.

Ph. F. : À cela s'ajoute l'effet des élargissements successifs au sein de l'Union européenne, qui ont conduit à réduire ses ambitions initiales.

P. C. : L'élargissement de l'Europe tend à faire de la décision à 28 le plus petit dénominateur commun. Dans ces conditions, soit nous parvenons à repartir dans un nouveau cycle d'approfondissement avec les pays qui le souhaitent, soit l'Union européenne peut réellement se disloquer. On voit bien aujourd'hui qu'il s'agit d'un canard sans tête : la machine institutionnelle continue à produire des textes, des directives, des normes ; elle continue à faire ce qu'elle sait faire. C'est un peu comme dans un couple qui bat de l'aile : la Commission fait les courses, elle garde les enfants, mais, si le désir de vivre ensemble n'est plus au rendez-vous, ça ne tient pas très longtemps… Cela me rend vraiment triste de voir cette conquête européenne menacée de toute part.

Ph. F. : De surcroît, l'affaiblissement de l'idée européenne est une mauvaise nouvelle pour la transition, dans la mesure où c'est sans doute l'espace pertinent pour la mettre en œuvre.

L. B. : À bien des égards et sur bien des sujets, l'Europe est en effet l'espace pertinent. Elle est notre meilleur atout pour relever les défis d'un monde en mutation. C'est pour cela qu'à la CFDT nous n'avons jamais renoncé à l'Europe, même si, telle qu'elle existe, elle ne nous satisfait pas. Refonder le projet européen devrait être la priorité des dirigeants, et la transition énergétique pourrait bien être une aubaine pour cela.

Certains États membres souhaitent approfondir l'intégration : il faut leur laisser la possibilité de le faire autour d'une véritable stratégie économique, sociale et environnementale. Pourquoi pas autour de l'énergie ? Historiquement, c'est le sujet qui a fédéré l'Europe en 1952, autour du charbon. Et puis l'énergie est une question vitale, un choix de société qui en interroge bien d'autres : notre qualité de vie, notre pouvoir d'achat, notre capacité d'innovation et de recherche, notre rapport aux risques, mais aussi notre souveraineté, ce qui explique que l'énergie demeure une prérogative nationale. Pourtant, quel sens y a-t-il à avoir 28 mix énergétiques, 28 objectifs de politique énergétique différents au sein de l'Union ? En matière de sécurité et d'indépendance énergétiques, le bon niveau de réponse est européen. Je suis favorable à une politique énergétique commune fondée sur des marchés de l'énergie intégrés, avec de vrais efforts d'investissements dans les infrastructures et une véritable politique industrielle sur ce sujet, notamment autour des énergies renouvelables.

Plus largement, on réconciliera l'Europe avec ses citoyens en renforçant la démocratie et la solidarité au cœur des institutions européennes. L'Union fonctionne trop sur des logiques intergouvernementales qui génèrent de l'opacité et empêchent l'affirmation d'un véritable intérêt général européen. Il faut conforter la dimension communautaire de l'Union sans renforcer sa dimension technocratique ; et pour cela remettre dans la boucle les citoyens – *via* le Parlement européen – et la société civile.

Autre biais : la politique économique commune au sein de la zone euro se résume à la discipline budgétaire. Ça ne fait pas rêver et, surtout, ça ne permet pas de poser les bases d'un tissu économique robuste et de qualité. Le premier effet du grand marché, c'est la concentration des activités autour de quelques pôles dynamiques, dont, en France, la région parisienne ou Auvergne-Rhône-Alpes. Mais aussi l'accumulation des fragilités dans les zones périphériques, qui peuvent décrocher.

La divergence des économies n'est pas seulement un problème pour les pays du Sud : elle nourrit la stagnation économique en Europe, le dumping social et le ressentiment des peuples. Or, les solutions pour sortir de ce marasme existent : doter la zone euro d'un budget propre pour financer les biens publics et la redistribution ; mieux coordonner les politiques économiques nationales et développer la coopération entre États membres ; harmoniser par le haut les politiques sociales. Je crois beaucoup à la création d'une assurance chômage européenne qui aurait un rôle stabilisateur en cas de chocs asymétriques et permettrait de créer une solidarité tangible entre citoyens européens par-delà les liens entre États. Nous avons besoin d'un projet européen qui réconcilie l'économie et le social. Nous avons besoin d'une Europe qui s'ancre concrètement et positivement dans la vie des citoyens.

Ph. F. : Le cadre européen est aussi le plus pertinent pour infléchir les formes prises par la mondialisation.

P. C. : Absolument. Tirer la mondialisation vers le haut suppose de défendre et de développer des normes sociales et environnementales élevées au niveau européen, associées à des règles d'accès qualifié au marché pour les entreprises extra-européennes. C'est l'un des enjeux des négociations commerciales en cours au niveau transatlantique : nous ne devons pas accepter de démanteler les normes sanitaires et environnementales européennes pour accroître le commerce extérieur. Dans un monde ouvert, je défends l'idée que les entreprises doivent pouvoir produire où elles le désirent, mais, si elles veulent accéder au marché européen, nous devons exiger d'elles qu'elles respectent un certain nombre de règles. Les normes automobiles que j'évoquais auparavant vont dans ce sens. De ce point de vue, quand un constructeur européen triche, il joue contre son propre camp en détricotant *de facto* l'appareil normatif qui le protège de ses concurrents chinois ou indiens !

L'accès qualifié au marché doit jouer aussi pour toute l'industrie chimique. L'Europe peut influer sur la mondialisation parce qu'elle constitue encore le premier marché mondial pour un grand nombre de productions. De ce fait, elle bénéficie d'un rapport de force favorable pour imposer ses normes, y compris à la plus puissante des multinationales, parce qu'aucune d'entre elles ne peut se passer du marché européen. On peut tout à fait imaginer qu'une firme se détourne du marché français, mais il ne peut en être de même avec le marché européen. Cet accès qualifié au marché est pour moi un levier majeur que l'Europe n'utilise pas assez. Même dans une économie mondialisée, la plus puissante des multinationales doit vendre ses produits. Rappelons cette évidence : tant qu'une entreprise n'a pas vendu ce qu'elle produit, ça ne lui rapporte rien !

Ph. F. : Il s'agit donc de mettre en place des règles ambitieuses sur le plan social et environnemental, sans pour autant sortir de la mondialisation.

L. B. : Moins ou plus de barrières, ce n'est pas la question. Le protectionnisme ne ferait pas disparaître les défis et les difficultés : au contraire, ce serait pire ! Les interdépendances sont un fait constaté ; croire que la France pourrait peser seule dans le contexte mondial est une illusion qui nous mènerait à la marginalisation. Soyons lucides : le commerce mondial peut être un vecteur de progrès social et participer à la construction d'un modèle économique juste et durable, mais il peut aussi renforcer les inégalités.

Donc, là encore, il faut le réguler. Les Européens doivent s'unir pour défendre ce qu'ils ont en commun, notamment un niveau de protection sociale avancé, des services publics développés et un environnement de qualité.

Le rôle des syndicats est décisif. Au niveau des négociations commerciales – que ce soit à l'Organisation mondiale du commerce ou lors de négociations entre l'Union européenne et d'autres parties du monde –, la Confédération européenne des syndicats intervient pour inclure le respect des normes sociales et environnementales dans les accords et pour instaurer des mécanismes de suivi afin de vérifier leur mise en œuvre. La préoccupation constante du syndicalisme, c'est de rendre ces normes contraignantes. Il me semble que c'est une question de justice sociale et d'équité que d'importer en Europe des productions qui répondent *a minima* aux normes sociales et environnementales appliquées par les entreprises européennes. Sinon, on laisse la porte grande ouverte au dumping social et à la course au moins-disant.

P. C. : Concernant la loi sur le devoir de vigilance que Laurent évoquait plus haut, je ne pense pas que l'on puisse imposer une obligation de résultat – c'est-à-dire créer une responsabilité juridique pour une entreprise française si son sous-traitant en Chine ou au Bangladesh ne respecte pas les droits humains – mais, en revanche, on peut effectivement créer une obligation de moyens, c'est-à-dire obliger l'entreprise en question à se doter d'un plan transparent pour vérifier que les droits sociaux fondamentaux sont respectés. C'est une façon pour elle de prendre au sérieux sa responsabilité sociale sans qu'on lui demande quelque chose qui ne relève pas de sa capacité, à savoir faire respecter le droit syndical dans un État comme le Bangladesh.

Si nous sommes capables de fixer des règles exigeantes d'accès au marché et de les faire respecter, on peut tirer toutes les entreprises vers le haut, et cela sans créer de désavantages compétitifs pour nos propres entreprises, puisque tout le monde sera soumis à la même règle sur le marché européen. En pratique, fixer un haut niveau de normes pour accéder au marché européen est même un avantage pour nos firmes, dans la mesure où les multinationales qui ont l'Europe pour marché domestique, qui y réalisent la plus grande partie de leur chiffre d'affaires, seront conduites à adopter ces normes exigeantes pour toutes leurs productions, ce qui leur permettra de dégager des économies d'échelle et de réduire les éventuels surcoûts. En revanche, pour un producteur chinois qui réalise 10 % de ses ventes sur le marché européen, être contraint de changer son process pour satisfaire ces 10 % sera nécessairement plus coûteux.

Ph. F. : Sauf à adopter la norme européenne pour toute sa production et à faire pression sur les autorités nationales pour que cette norme soit imposée à ses propres concurrents en Chine.

P. C. : Exactement ! Il existe donc trois scénarios. Dans le premier, l'entreprise décide de ne pas suivre les normes européennes et se retire de ce marché ; dans le second, elle se contente de transformer son process de production uniquement pour les produits destinés au marché européen ; dans le troisième, plus vertueux, le producteur chinois se dit : quitte à produire aux normes européennes, autant transformer mon process pour toutes mes productions parce que, demain, ce seront aussi le Japon ou les États-Unis qui vont suivre, et donc pourquoi pas la Chine… Une Chine qui, sur certains sujets, peut parfois être d'ores et déjà en avance sur nous, notamment sur les véhicules électriques.

Ph. F. : Donc, vous prenez acte de la mondialisation en construisant des rapports de force à l'égard aussi bien des multinationales que des États pour promouvoir un haut niveau de normes sociales et environnementales, une coopération positive, etc. Une version douce du discours porté par les élites qui nous expliquent que, en nous adaptant *via* des réformes structurelles, nous gagnerons la bataille de la mondialisation, grâce au mix compétitivité et innovation.

P. C. : J'aime autant que la chimie verte se développe en France plutôt qu'en Chine ! La compétition entre entreprises et entre puissances est une réalité, ne soyons pas naïfs. D'ailleurs, dès lors que les gens estiment majoritairement que la mondialisation leur est hostile, que nous sommes engagés dans une guerre de tous contre tous, les discours qui ne vont pas dans ce sens suscitent des réactions du genre : « C'est très gentil, ton idée, mais moi, en attendant, je ne veux pas devenir qatari ou chinois. » Donc il ne faut pas faire preuve d'irénisme dans le regard que nous portons sur le monde actuel. Construire un monde plus coopératif n'est pas acquis. Cependant, la seule voie vraiment réaliste consiste à agir pour sortir de l'alternative actuelle entre, d'une part, un repli nationaliste illusoire et potentiellement belliciste et, d'autre part, une soumission à une mondialisation socialement et écologiquement destructrice qui nous conduit dans le mur.

Nous devons agir pour construire une mondialisation différente, qui nous préserve des dérèglements climatiques et respecte les limites de la planète. Le succès de la COP 21, qui reste à transformer et à concrétiser, témoigne du fait que le combat n'est pas perdu d'avance. Mais il ne faut pas imaginer pour autant que la compétition entre entreprises et entre États va disparaître d'un coup ; il est également nécessaire de savoir construire des rapports de force. Et nous en avons les moyens.

Chapitre 5
REDONNER LA PAROLE À LA SOCIÉTÉ

Philippe Frémeaux : Notre capacité à mettre en œuvre les changements nécessaires ne bute-t-elle pas aussi sur la crise de nos démocraties et l'affaiblissement des corps intermédiaires ?

Pascal Canfin : Les formes traditionnelles d'action collective sont aujourd'hui fortement affaiblies. Les fonctions classiques des partis politiques sont de plus en plus remises en cause, de même que la capacité d'action du mouvement syndical. Cela se vérifie dans de nombreux pays, et notamment en France, où le taux de syndicalisation est particulièrement faible. Notre société est désormais composée d'individus beaucoup plus autonomes. Cette transformation a été émancipatrice à de nombreux titres, notamment pour les femmes, mais elle concourt aussi, dans un contexte où se mêlent crise sociale, crise économique et révolution numérique, à fragmenter notre société. Ce qui nous oblige à inventer de nouveaux modes d'action collective.

Ph. F. : Comment se manifeste cette fragmentation ?

P. C. : Cette fragmentation a de multiples dimensions. La ségrégation spatiale tend ainsi à s'accroître. Autre exemple du quotidien : la diversité de l'offre audiovisuelle a mis fin au caractère unificateur de la télévision, quand tout le monde regardait la même chaîne – même s'il existe encore quelques rendez-vous fédérateurs tels que les grands événements sportifs. C'est encore plus vrai pour les jeunes générations, qui se passent de plus en plus de la télévision ou la «consomment» de manière beaucoup plus individuelle, grâce au replay sur Internet, par exemple. De fait, l'individu d'aujourd'hui n'est pas isolé: il est au contraire bien souvent ultra-connecté, mais avec une communauté d'amis qu'il s'est choisie sur les réseaux sociaux. Par conséquent, la société devient de plus en plus organisée autour de quelques monades collectives qui s'ignorent largement et ne se parlent plus entre elles.

Comme l'exprime le sociologue Milad Doueihi, nous sommes entrés dans l'ère de «l'humanisme numérique[15]», ce qui affecte (et affectera encore davantage demain), en bien comme en mal, notre vivre-ensemble. Or, les élites politiques sont largement déconnectées de cette évolution profonde. Cela fait sourire quand on découvre que Nicolas Sarkozy ignorait encore l'existence du site Le Bon Coin au printemps 2016, alors que celui-ci totalise tout de même plus de 200 millions de visites par mois! Il nous faut donc inventer des formes d'action collective adaptées au XXIe siècle.

Ph. F.: Cet affaiblissement des corps intermédiaires, nous l'avons dit, est aussi le produit de la réussite du projet social-démocrate, qui, en émancipant les individus, a cassé dans le même temps le sentiment d'appartenance à la classe ouvrière.

Laurent Berger: Là est en effet le défi majeur pour les corps intermédiaires: accompagner les individus vers une plus grande autonomie et la liberté de choisir la vie

15. Milad Doueihi, *Pour un humanisme numérique*, Seuil, 2011.

qu'ils souhaitent, tout en empêchant que la société ne s'atomise, ne se désagrège.

Attention : je ne pense pas que l'émancipation des personnes implique inévitablement l'affaiblissement du collectif. Mais il est certain qu'elle invite à donner un sens et une dynamique nouvelle aux mouvements collectifs. Hier, les identités étaient stables, voire rigides. Au sein du monde ouvrier, par exemple, les réalités étaient relativement homogènes. Aujourd'hui, au travail comme dans la vie, les personnes sont placées dans des situations très diverses, elles peuvent se réclamer d'appartenances multiples, aspirant d'ailleurs souvent à une reconnaissance de leurs particularités. Pour ma part, je pense qu'on peut être égaux sans être semblables. Et qu'on ne doit surtout pas renoncer à l'objectif d'émancipation – car il serait faux de penser qu'il est atteint. Mais j'ai la conviction que l'émancipation individuelle se réalise toujours dans un cadre collectif. Ainsi, le travail peut avoir un rôle à la fois émancipateur et intégrateur : les travailleurs interagissent avec d'autres, leur accomplissement personnel s'inscrit dans un cadre plus large. Le syndicalisme est l'un de ces mouvements au sein desquels des individus que rien n'y prédestinait sont amenés à prendre des responsabilités et à négocier pour des milliers de salariés, parce qu'ils ont été accompagnés par une organisation avec laquelle ils partagent des valeurs et qu'ils ont agi au nom d'un collectif de travail auquel ils se sentent appartenir.

Si l'objectif est de construire une société de personnes libres réunies autour de l'envie de vivre ensemble et, surtout, de porter des projets communs – au travail, dans la cité, en Europe, etc. –, les corps intermédiaires peuvent y contribuer. Mais, pour cela, il faut qu'ils deviennent un peu moins des « institutions représentatives » très verticales dans leur fonctionnement et davantage des organisations horizontales, à l'écoute et plus proches de chacun de leurs membres. À l'heure du numérique, il leur faut aussi accepter de s'organiser en plateformes de mobilisation et d'animation de communautés. J'ai bien conscience, en disant cela, de la révolution que cela implique pour – au hasard ! – des organisations syndicales.

Ph. F. : Un moyen de revitaliser un syndicalisme affaibli, en somme ?

L. B. : On parle beaucoup de la faiblesse des syndicats en France, mais celle-ci doit être mise en perspective. La CFDT compte 800 000 adhérents, soit bien plus que l'ensemble des partis politiques réunis. Et la participation aux élections professionnelles est de l'ordre de 60 à 65 %, meilleure que pour certains scrutins politiques. Les clichés autour du syndicalisme ont la vie dure, mais les Français, dans leur majorité, savent bien que le représentant du personnel n'est jamais avare de son temps pour chercher des solutions pour ses collègues. Je rencontre chaque semaine des équipes syndicales et je vois le travail incroyable qu'elles font, dans des contextes pas toujours simples, quand d'autres auraient sans doute baissé les bras. Le « syndicalisme-bashing » m'est assez insupportable, car il ne rend pas justice à l'engagement militant de ces femmes et de ces hommes.

Toutes les formes de représentation sont affaiblies aujourd'hui. Et on ne peut nier que le syndicalisme est lui aussi questionné, parce que, si l'on y réfléchit, ce sont précisément les fondements de son identité qui sont bouleversés par les mutations actuelles. Le travail se transforme : il est de moins en moins ouvrier, salarié, assigné à une tâche fixe. L'entreprise elle-même perd de son évidence avec l'éclatement des collectifs de travail sur différents sites ou réseaux de sous-traitants, et le développement des espaces de coworking. Le plein-emploi est un objectif tellement désirable et en même temps si complexe à atteindre qu'il tend à écraser la question du travail. Et le militantisme traditionnel perd du terrain face à des formes de mobilisation plus ponctuelles et individuelles.

Pourtant, le syndicalisme demeure plus que jamais nécessaire, et il le restera aussi longtemps que le travail jouera un rôle essentiel dans nos vies et que les relations demeureront fondamentalement déséquilibrées entre l'employeur et le travailleur. Cela ne signifie pas que nous ne devons pas évoluer, au contraire. Il nous faut réinventer nos formes d'action et de mobilisation pour mieux répondre aux aspirations des salariés, de nos adhérents et des militants, en nous appuyant sur les possibilités offertes par le numérique. Nous devons aussi nous ouvrir aux formes de travail que nous n'avons pas assez prises en compte : emploi précaire, travail domestique, digital, en free-lance… Le syndicalisme est aujourd'hui à un tournant : s'il ne veut pas mourir, il doit faire sa révolution. La bonne nouvelle, c'est qu'on a déjà commencé – en tout cas à la CFDT !

P. C. : La question ne concerne d'ailleurs pas seulement le syndicalisme, mais aussi toutes les organisations, y compris les ONG et les partis politiques, qui sont encore prisonniers des formes de mobilisation et de communication anciennes. Aujourd'hui, la société a changé, les outils aussi, ce qui transforme les formes d'expression, d'organisation et d'action collectives. La question n'est pas de savoir si cela bougera ou non, mais qui va le faire, comment cela se fera et au profit de qui. Prenons les institutions de notre vie démocratique : la question n'est pas tant de savoir si les débats du Sénat sont ou non retransmis en *live*, ou si les sénateurs ont un assistant qui tweete, que de savoir si un jeune actif sur les réseaux sociaux peut se reconnaître dans ce type de débat et se sentir représenté par une instance où la moyenne d'âge est de 65 ans ! Sincèrement, lorsque j'étais assis sur le banc des ministres au Sénat, que je me retournais et que je voyais la composition de l'hémicycle, je n'étais pas fier de nos institutions. Ce n'est pas une remarque contre les personnes, mais contre les règles du jeu qui produisent une assemblée aussi déconnectée de la réalité de notre société.

Dans cet esprit, je pense que nos institutions devraient être profondément réformées afin d'en accroître la légitimité. Notre pays est l'un des rares où le président de la République exerce une fonction exécutive au quotidien tout en incarnant la pérennité de la Nation – ce que font les rois et les reines dans les monarchies européennes ou des présidents sans fonction exécutive, comme en Allemagne ou en Italie. On peut le regretter, mais il ne semble pas y avoir de majorité en France pour changer cet état de fait. Or, le quinquennat est venu affaiblir la seconde fonction, qui est essentielle et doit s'inscrire dans le temps long. C'est pourquoi je pense qu'il nous faudrait revenir au septennat – mais au septennat unique.

Dans le même temps, il faudrait renforcer la représentativité des assemblées législatives. L'Assemblée nationale devrait comprendre moins de députés, qui ne pourraient pas cumuler d'autres fonctions – de sorte à faire le job à plein temps – et qui seraient élus selon un mix proportionnel et majoritaire, car il est anormal que plus de 30 %

des Français qui votent n'aient aucune représentation à l'Assemblée. En complément, il faudrait réformer de fond en comble le mode de désignation du Sénat, afin qu'il joue vraiment un rôle complémentaire de l'Assemblée – de nombreux projets existent à ce sujet. Enfin, je suis favorable à des « référendums multiples », comme cela existe ailleurs, où le gouvernement pose plusieurs questions en même temps. Cela permet de redonner du pouvoir aux Français et de trancher des questions de manière démocratique tout en évitant la dimension plébiscitaire du référendum, où l'on juge trop souvent la personne qui a posé la question plutôt que de répondre à celle-ci.

L. B. : La question institutionnelle mérite d'être posée. Mais suffira-t-elle à apporter des réponses à la crise de la démocratie ? Le fossé qui se creuse entre représentants et représentés tient beaucoup aux pratiques de pouvoir. Au fait que les dirigeants ignorent trop souvent le parler vrai, l'explication, l'écoute, la consultation – l'exemplarité aussi, parfois. Je ne suis pas convaincu que ce soient les institutions de la Ve République qui les en empêchent ! Le vrai problème politique, aujourd'hui, c'est la qualité démocratique. Les décisions se prennent sans débat public suffisant en amont, sans associer la société civile et les citoyens, sans évaluation en aval. C'est toute une méthode de gouvernement qui est à revoir. C'est pourquoi, tout en reconnaissant le bien-fondé de la démocratie représentative, je pense qu'il faut la compléter par des formes de démocratie participative. Je ne suis pas un grand partisan des référendums, j'ai beaucoup plus d'intérêt pour la délibération collective sous toutes ses formes. Ce qui assure la légitimité d'une décision publique, c'est la qualité de sa procédure d'élaboration, qui doit être transparente et ouverte, c'est de faire place au débat et à la diversité des points de vue. Au bout du compte, c'est bien souvent au décideur public d'avoir le dernier mot, mais le débat doit avoir eu lieu. La délibération, c'est le fondement de la démocratie, et c'est sans doute ce qui nous rend pleinement citoyens – plus encore que le fait de voter.

P. C. : Je ne pense pas qu'il faille opposer ces deux dimensions. Par ailleurs, j'ajoute un aspect essentiel aux transformations à conduire : la réforme de l'État. Si je devais n'évoquer qu'une mesure, ce serait la suppression des grands corps. J'ai vécu de l'intérieur, comme ministre, la capture de l'intérêt général par une logique corporatiste qui fait que l'on se préoccupe moins de savoir si tel directeur de cabinet ou telle directrice d'administration centrale est compétent(e), a fait ses preuves ailleurs, est capable d'innovation, etc. que de savoir s'il ou elle est bien de l'Inspection générale des finances, du Conseil d'État ou du corps des Mines. Nous vivons dans un pays où le niveau de réussite scolaire entre 18 et 25 ans conditionne le parcours pour le reste de la vie. Sortons de cette logique et donnons beaucoup plus de responsabilités à des acteurs du terrain qui ont fait leurs preuves pour diriger les grands services de l'État, même s'ils n'ont planché ni à Polytechnique ni à l'ENA. Là aussi, sortons de la monoculture, celle de la reproduction des élites !

L. B. : Je suis évidemment d'accord pour redonner la parole et des moyens d'action aux citoyens. Mais je me méfie du discours sur les élites. Plutôt que de réclamer la suppression des grands corps, je trouve plus intéressant de s'interroger sur les processus de prise de décision et sur la façon dont l'action publique peut intégrer davantage de concertation et d'évaluation.

Ph. F. : Il s'agit donc de mieux articuler démocratie représentative et démocratie participative. Et, en ce qui concerne le renouveau des formes d'expression collective de la société, que proposez-vous ?

P. C. : Il nous faut absolument réinventer des formes d'action collective adaptées au XXIe siècle. Pour ma part, avec les équipes du WWF, je réfléchis à la manière de construire des façons de « faire communauté » à grande échelle, notamment en utilisant les réseaux sociaux, ce que j'appelle le « crowdacting ». La pétition de Caroline de Haas contre la loi travail – n'en déplaise à Laurent Berger – a pu obtenir plus d'un million de signatures en quelques jours. De même, la vidéo *Osons,* de Nicolas Hulot, a été vue plus d'un million de fois en trois jours. Ces mobilisations virtuelles conduisent les leaders politiques à se dire : « Là, il se passe quelque chose qu'on ne peut négliger. » Mais, que l'on adhère ou non aux messages mis en avant, il est clair que ces initiatives ne suffisent pas à construire une action qui ait du sens dans la durée. On agrège des gens autour d'une cause ou d'une émotion commune dans l'instant, mais il n'en émerge pas pour autant une action collective pérenne.

Cette interrogation traverse les partis, les syndicats, les ONG, etc. Le projet que nous sommes en train de lancer au WWF prendra la forme d'une application numérique dont l'ambition est de créer une communauté d'action virtuelle rassemblant au moins un million de personnes qui modifient peu à peu leur comportement au quotidien pour le rendre plus écologique et meilleur pour leur santé et la planète. L'application donnera des conseils pratiques et proposera des « challenges » individuels que chacun pourra choisir en fonction de ses possibilités – comme le fait de marcher au moins 10000 pas par jour (ainsi qu'il est recommandé pour notre santé), de prendre son vélo au lieu de sa voiture une fois par semaine pour aller travailler, de manger moins de viande rouge, etc. Ces choix quotidiens, s'ils sont agrégés dans une communauté d'action collective, prennent un tout autre sens ! On crée ainsi le chaînon manquant entre le geste purement individuel et la politique publique. Cette application, qui sera élaborée par des professionnels des jeux pour la rendre ludique et attractive, permettra aussi d'économiser de l'argent grâce à des modèles qui marchent, tels les achats groupés ou les bons d'achat pour des produits et des services verts.

Ce que je souhaite créer, c'est une nouvelle infrastructure de l'action commune qui parte de la vie quotidienne et des choix de chacun – des choix libres mais qui, parce qu'ils s'inscrivent dans un cadre collectif, prennent tout à coup beaucoup plus de sens. Jusqu'à une date très récente, il n'aurait pas été possible de créer une telle communauté virtuelle ; les applications et les réseaux sociaux le permettent aujourd'hui. Je peux faire partie de cette communauté quel que soit l'endroit où je me trouve.

En phase de développement, ce projet verra le jour au deuxième semestre 2017. Si les millions de gens qui se retrouvent déjà dans ces valeurs, qui suivent le WWF ou d'autres ONG, qui ont vu le film *Demain*... ou qui trouvent un intérêt direct à en faire partie s'agrègent dans cette communauté virtuelle, nous aurons gagné notre pari de renouveler les formes de l'action collective !

L. B. : Je pense qu'ONG et syndicats vivent les mêmes contraintes en partant de positions opposées. Les ONG sont diverses, mais leur force, généralement, c'est la lisibilité de leur cause, l'agilité de petites structures au sein desquelles il arrive parfois qu'on malmène les règles de décision pour pouvoir agir plus rapidement. L'activiste, qui est la figure de ce mouvement, rassemble facilement autour de causes qu'il met en scène, mais il peine à affronter la durée : on l'a vu avec la pétition sur la loi travail. Car, au-delà de l'émotion qu'il manie et qui lui permet de mobiliser ponctuellement, il a du mal à « faire mouvement ». Pour le militant syndical, c'est l'inverse. Nous avons d'emblée retenu le choix du nombre pour peser. Et quand on est 800 000, comme à la CFDT, on ne peut pas être tous d'accord sur tout, tout le temps. On ne peut pas décider à la va-vite, parce qu'il en va de notre cohésion et de la cohérence de nos positions. Mais cette prise de décision et cette cohésion comptent : ce sont elles qui nous permettent de lutter ensemble, de nous engager quand c'est nécessaire, en sachant dire ce qui va comme ce qui peut être amélioré, en sachant aussi reconnaître nos victoires, même quand elles sont trop partielles à notre goût. Bien sûr, nous sommes perfectibles, mais nous avons une force qui est celle qu'offre un véritable mouvement dans la durée. Une pétition en ligne ne remplacera jamais l'action !

Ph. F. : Cette question de la durée est essentielle ?

P. C. : Les décisions à prendre pour mettre en œuvre la transition écologique ne seront pas prises si nous ne parvenons pas à recréer une action collective allant au-delà d'une simple bulle médiatique rapidement chassée par une autre, et qui laisse en fin de compte les décideurs indifférents.

Ph. F. : Refonder la démocratie, c'est faire en sorte que nous participions tous d'une même société. Or, la fragmentation de la société résulte aussi de la montée des inégalités.

P. C. : D'autant que les gains tirés de la révolution numérique ou des progrès des transports sont très inégalement répartis. Aujourd'hui, l'avion coûte moins cher que par le passé, le TGV relie Paris à Marseille en trois heures, Skype permet de communiquer gratuitement avec son fils ou sa fille à l'autre bout de la planète... Mais ces bénéfices sont inéquitables sur le plan social : un tiers des Français ne possèdent pas de smartphone, les enfants des classes populaires n'iront probablement pas étudier ou travailler à Hong Kong ou à Sydney, et leurs parents ne prennent que rarement le TGV. Bref, cette liberté nouvelle, cette plus grande ouverture au monde, ces opportunités ne bénéficient pas à une large partie de la population, ce qui creuse les inégalités et alimente deux perceptions très différentes de la mondialisation, entre ceux qui en profitent globalement et ceux qui en ressentent surtout les menaces.

L. B. : La fracture numérique, à mon sens, constitue deux problèmes. C'est d'abord une inégalité d'accès à la connexion. Or, la connexion est un nouveau droit social, un droit qui conditionne notre accès à l'information, à la culture et à de nombreux services – par exemple, il est de plus en plus difficile de revendre son logement si celui-ci n'est pas couvert par la 3G. Mais c'est aussi une inégalité dans la capacité à utiliser les technologies : 61 % des plus de 70 ans, 48 % des non-diplômés et 32 % des personnes en situation de handicap sont victimes d'exclusion numérique. Ce qui veut dire que l'on ne peut pas faire comme si, avec un site Internet bien conçu, on pouvait remplacer l'accueil et l'accompagnement du public : les travailleurs sociaux le savent bien. L'action publique doit penser autrement le numérique afin qu'il soit un vecteur d'intégration et d'accompagnement, et non un facteur supplémentaire d'inégalités.

P. C. : Cette inégalité dans l'accès aux dimensions positives des transformations observées depuis vingt ans a été extraordinairement discriminante. Elle a renforcé ce qui est aujourd'hui l'un des premiers rapports sociaux de domination : la maîtrise de la mobilité permanente. Les dominants d'aujourd'hui sont mobiles, fluides, « liquides », comme le démontraient déjà Luc Boltanski et Ève Chiapello en 1999 dans *Le Nouvel Esprit du capitalisme* (Gallimard) – une lecture extrêmement éclairante.

La partie de l'économie la plus mobile, c'est la finance : en une fraction de seconde, le trader se désengage. C'est donc aussi la plus puissante. À l'autre extrême de ce rapport de domination du monde contemporain, on trouve les personnes non qualifiées, rivées à leur territoire, ne maîtrisant aucune langue étrangère, n'imaginant pas (ou n'ayant pas les moyens) d'aller travailler à plus de cinquante kilomètres de chez elles.

L. B. : Ce sont justement ces personnes qu'il faut aider à exercer leurs droits, à faire des choix, sans sous-estimer leurs contraintes, sans les stigmatiser ni les mépriser. L'accompagnement n'est pas un vain mot. Tout le monde a, un jour, besoin d'être défendu ou soutenu. Certains bénéficient de leur réseau personnel, familial et professionnel. D'autres n'ont pas de capital social. Et je souhaite ardemment que le syndicalisme de demain soit le capital social de ceux qui n'en possèdent pas, comme il est déjà le défenseur de ceux qui ont besoin d'être défendus individuellement et collectivement.

Ph. F. : Passons à un autre sujet : comment fait-on, dans une société aussi éclatée, pour construire des compromis permettant d'aller dans la direction souhaitée ?

L. B. : Cela suppose déjà de mettre au jour les intérêts contradictoires qui traversent la société, sans chercher à les nier ou à en faire des prétextes à un affrontement violent. C'est par le dialogue qu'on peut les préciser et les confronter, pour espérer construire des compromis favorables au plus grand nombre, et ce durablement. Il s'agit d'une démarche exigeante, qui demande de ne pas légiférer dans l'urgence, de prendre le temps de consulter, de mettre sur la table les sujets de fond. Et cela, c'est le travail de chacun : médias, responsables politiques, syndicaux, patronaux... C'est aussi une démarche courageuse, car je n'ai guère d'illusions sur le fait que beaucoup de citoyens n'attendent pas de la concertation de la part de leurs dirigeants, mais davantage d'autorité, voire de l'autoritarisme. Cela me semble pourtant la seule méthode possible pour aller vers une société apaisée.

Une société plus mature, selon moi, devrait laisser davantage d'espace à la société civile. Notre démocratie se meurt d'une vision très descendante et centralisée de la volonté et de l'action. Toutes les initiatives qui viennent « d'en bas » sont considérées avec suspicion, trop « particulières » pour être légitimes. On surinvestit l'État et le politique, au point qu'on a l'impression que notre pays attend encore l'homme ou la femme providentiel qui viendra régler tous nos problèmes. Pourtant, la société porte en elle-même ses propres ressources pour aller de l'avant : nombre de projets et de témoignages de vitalité le prouvent un peu partout dans le pays. Nous devrions faire davantage confiance aux citoyens et à l'intelligence collective – ce qui n'enlève rien à l'importance de l'action politique ! En d'autres termes, un peu plus d'horizontalité et de subsidiarité ne feraient pas de mal à notre démocratie.

Ensuite, il faut également proposer un récit, porter une vision partagée de là où nous voulons aller. Notre classe politique n'est plus capable d'entraîner les citoyens ou, tout simplement, de poser des mots clairs sur ce que nous vivons.

Ph. F. : Redonner du sens à l'action collective suppose donc d'avoir un cap mais aussi de retrouver des leviers d'action.

L. B. : Oui : il faut redonner aux personnes la capacité de faire, leur offrir des marges de manœuvre, et c'est d'ailleurs à cette fin que nous voulons développer les négociations d'entreprise. Derrière cette volonté, il y a l'idée que les premiers concernés ont légitimement leur mot à dire sur les règles qui organisent leur travail. Si, dans une entreprise, un syndicat négocie une baisse de la rémunération des heures supplémentaires en contrepartie d'une augmentation des repos compensateurs, moi, je n'ai aucun moyen de savoir si c'est une bonne chose ou non. Ce sont les salariés qui le savent, et leurs représentants syndicaux sont là pour en discuter avec eux et faire aboutir leurs aspirations.

Quand je dis que les gens doivent pouvoir participer aux décisions dans leur entreprise comme ils en ont le droit dans la vie publique, cela choque parfois. Parce qu'on ne peut pas faire comme si les relations étaient équilibrées entre l'employeur et les salariés, comme s'ils pouvaient discuter spontanément à égalité. Mais c'est bien pour cela qu'il existe des syndicats ! Pour construire un rapport de force – condition indispensable à une négociation équilibrée – en s'appuyant sur la puissance du nombre, l'expertise, le soutien de l'organisation, la justesse des propositions, etc. Je rappelle qu'un accord qui crée de la norme dans une entreprise, c'est un accord collectif. Avec les évolutions issues de la loi travail, c'est même désormais un accord signé par la majorité des syndicats représentatifs dans l'entreprise.

Bien sûr, la négociation d'entreprise doit être assortie de garanties. Et toutes les règles qui encadrent le travail ne doivent pas être décidées dans l'entreprise : certaines doivent relever de la branche ou de l'interprofessionnel – et évidemment de la loi. Il n'en reste pas moins que, si nous souhaitons réinvestir l'échelle de l'entreprise, c'est aussi parce que trop de personnes considèrent qu'elles n'ont aucun pouvoir d'intervention, qu'elles ne pourront jamais faire bouger les choses. Or, c'est aussi cela qui suscite la résignation ou, à l'inverse, l'envie de renverser la table quand l'homme ou la femme providentiel que j'évoquais propose de tout chambouler.

Ph. F. : Il y a un problème de leadership au sein des classes politiques européennes.

L. B. : Sans doute. Toute vision de l'avenir doit s'incarner. J'attends des dirigeants politiques qu'ils disent clairement quelle est leur analyse des mutations en cours et où ils veulent aller. Et j'attends aussi d'eux qu'ils sachent diriger, trancher et rendre des comptes sur leurs décisions, tout en tenant compte de l'expression continue des citoyens et de la légitimité des autres acteurs qui négocient, produisent de la norme, s'organisent à différents niveaux.

Face à la menace terroriste, aux drames que nous avons vécus et que nous vivrons encore, il faudrait ouvrir de nouvelles perspectives, donner de l'espoir, au lieu de fermer les frontières et de rester sourds aux problèmes des réfugiés. Il faudrait surtout redonner du souffle et un contenu concret au vivre-ensemble. Porter un autre discours sur l'autre, sur l'identité et sur l'avenir, donner plus d'ampleur aux initiatives positives existant ici et là pour qu'elles « fassent système ». C'est essentiel si l'on veut construire une société résiliente, une société qui décide de rester ouverte même face aux risques, parce qu'elle s'y prépare et qu'elle sait qu'elle pourra les surmonter.

Ph. F. : Donner plus de pouvoir aux citoyens ne suppose-t-il pas aussi de changer la gouvernance des entreprises pour que leur contrôle soit mieux partagé entre les différentes parties prenantes ? Faut-il renforcer la présence des salariés dans les CA ou étendre les pouvoirs des institutions représentatives du personnel ?

L. B. : Les deux ! Rappelons tout de même ce qu'est une entreprise : une collectivité de femmes et d'hommes réunis pour produire, innover et créer. On ne peut pas résumer l'entreprise à ses capitaux et donc en faire la propriété des actionnaires. L'entreprise, ce sont aussi les salariés : leur donner plus de poids dans les décisions et plus de place dans la gouvernance est donc le minimum.

Depuis 2013, on a renforcé les moyens et le rôle des représentants du personnel pour qu'ils puissent débattre et peser sur les orientations stratégiques en amont. Et des représentants des salariés siègent désormais dans les conseils d'administration des entreprises de plus de mille salariés. C'est une évolution historique qui n'en est qu'à ses débuts, mais dont il faut bien mesurer la portée. Face aux actionnaires, les administrateurs salariés sont les véritables garants du temps long et d'une vision globale de l'entreprise, un élément de stabilisation. Leur regard est nourri par l'expérience de leur travail ; ils introduisent de la diversité et du contradictoire au sein de la gouvernance. Or, l'entreprise, pour innover, être en prise avec le réel et ouverte sur un monde qui change, ne peut être dirigée par un club fermé dont les membres se ressemblent ! Il faut aller plus loin pour renforcer le rôle des représentants des salariés dans les conseils d'administration et leur permettre de participer plus systématiquement aux comités où se préparent les décisions – notamment les comités de rémunération.

Si nous parvenons à faire partager l'idée qu'une entreprise, ce n'est pas seulement le patron, et que sa finalité n'est pas seulement de faire du profit, nous aurons déjà parcouru une partie du chemin. Reste que, sur ce plan, nous sommes confrontés à une partie du patronat particulièrement réactionnaire et à d'autres organisations syndicales qui préfèrent considérer l'entreprise comme un adversaire plutôt que d'y revendiquer un droit de participation.

Ph. F. : Et qu'en est-il des enjeux environnementaux ?

L. B. : Il faut distinguer les acteurs « engagés » dans le projet de l'entreprise, qui participent à la création de valeur et subissent directement les aléas de l'activité (c'est-à-dire le patron, les actionnaires et les salariés), et les acteurs « impactés », qui sont extérieurs à l'entreprise : les clients, les consommateurs, les collectivités et les habitants du territoire, les associations, etc. Eux aussi ont le droit d'être informés et consultés (c'est d'ailleurs l'un des objectifs de la RSE), mais pas selon les mêmes modalités et le même degré d'implication que les salariés et leurs représentants. Ces acteurs externes, une fois leur légitimité et leur représentativité établies, devraient pouvoir siéger dans des « comités des parties prenantes » au sein des grands groupes.

Les chercheurs du Collège des Bernardins proposent de faire évoluer l'objet social de l'entreprise afin que, au-delà de la recherche de profits – qui n'est naturellement pas illégitime –, il soit inscrit dans ses statuts qu'elle poursuit également des missions d'intérêt territorial, social et environnemental. C'est une proposition intéressante, parmi d'autres, pour renforcer la responsabilité de l'entreprise au sein de son environnement, et c'est surtout l'occasion de réinterroger la définition de l'entreprise et ses buts.

P. C. : J'ajouterai à cette idée la proposition de Franck Riboud, président de Danone, consistant à adosser la rémunération variable du patron à la triple performance de l'entreprise : financière, bien sûr, mais aussi sociale et environnementale. Cela matérialiserait de façon concrète le fait que l'entreprise n'a pas qu'une seule finalité.

Ph. F. : En résumé, rendre la transition désirable, c'est aussi une question de démocratie, en associant tous les acteurs à la décision.

L. B. : Oui, les Français sont fatigués de ceux qui prétendent penser pour eux et leur imposer des décisions présentées comme inéluctables. Ils sont bien plus matures que ce qu'imaginent certains politiques. Pour nous, la transition est profondément un enjeu de démocratie. Le chemin importe autant que le résultat. Nous voulons une transition juste, où chacun peut se retrouver et construire des choix collectifs, avec des enjeux expliqués et débattus à tous les niveaux de la société. Et ça commence dans la vie quotidienne de chacun, à la maison, dans les activités habituelles et, effectivement, dans l'entreprise, là où se prennent nombre de décisions qui ont un impact majeur sur l'ensemble de la société.

P. C. : Il faut jouer sur tous les leviers qui conduisent les gens à changer. Le premier levier, c'est le système de valeurs, comme nous l'avons vu au premier chapitre : je pourrais faire telle ou telle chose, mais je ne le fais pas parce que cela ne m'intéresse pas. J'ai les moyens d'acquérir une voiture, mais je n'en achète pas parce que je peux m'en passer ; je me déplace plutôt à vélo ou en transports en commun et j'emprunte de temps à autre une voiture partagée.

Le second levier est l'intérêt. Il faut construire les mécanismes qui font que j'ai intérêt à aller dans le sens de la transition. Mais l'intérêt ne suffit pas. Aujourd'hui, il est déjà de mon intérêt d'avoir un mode de vie plus écologique : manger des légumes revient moins cher que consommer de la viande ; prendre mon vélo, le bus ou le métro est plus économique que de posséder une voiture ; louer une voiture partagée lorsque c'est nécessaire coûte moins cher que d'en acheter une qui restera immobilisée l'essentiel du temps, etc. Pourtant, pour des raisons de statut social, d'habitudes encore bien ancrées, on n'adopte pas forcément les comportements les plus rationnels sur le plan économique. C'est pour cela que le système de valeurs est fondamental.

Le troisième levier est la norme, la règle : même si j'ai envie de rouler à 200 km/h sur l'autoroute, je n'ai pas le droit de le faire. C'est peut-être une contrainte mais, sans règles collectives, il n'y aurait pas de vie sociale. Sans code de la route, sans police pour sanctionner les infractions, il n'y aurait pas de circulation possible !

Le quatrième levier est le plaisir, le fait que les autres interagissent positivement avec le comportement que je viens d'avoir, ou tout simplement le plaisir que j'en ai tiré.

Enfin, il y a l'émulation, la compétition, le jeu. Des études ont montré que l'un des facteurs les plus puissants poussant les familles à s'engager dans des économies d'énergie, par exemple, est de savoir que leurs voisins y sont parvenus !

Si j'additionne ces cinq leviers – le plaisir et les émotions, l'émulation, le système de valeur, l'intérêt et la norme –, alors j'ai une grille de lecture pour jouer sur toutes les notes du clavier de l'action individuelle et collective. Voilà comment avancer vers la société de demain, celle du progrès réinventé dans les limites de notre unique planète.

L. B. : Je crois encore au progrès, de toutes mes forces, mais je sais aussi qu'il n'est possible que si on le réinvente et qu'on se donne les moyens de le faire advenir. On ne peut plus se contenter de préserver l'existant ou de reproduire les mécanismes du passé. C'est l'une des intentions de ce livre : imaginer comment on pourrait faire autrement. Étrangement, ce sont souvent les freins, la rareté ou la menace, qui nous poussent à déployer nos potentialités et notre créativité. Si l'on a un tant soit peu d'instinct de survie, le risque climatique doit nous amener à tout remettre à plat et à repartir sur des bases nouvelles. Et c'est une chance, parce qu'il y a le feu partout : la crise n'est pas seulement environnementale, elle est également sociale, économique et démocratique. Nous allons enfin pouvoir rompre avec des logiques court-termistes et prédatrices, qui épuisent les ressources naturelles et les individus au travail. Le temps est venu de dire et de valoriser ce qui compte : le travail collectif et les savoir-faire que chacun y développe ; les activités qui créent de vraies richesses ; le lien aux autres. Le temps est venu de coopérer pour faire face ensemble à des risques globaux.

Ce qui importe, finalement, c'est de vivre mieux ensemble. C'est pour cela qu'il faut protéger la planète, pour protéger les humains qui y vivent – aujourd'hui et pour encore longtemps. À ces femmes et à ces hommes, on ne doit pas seulement promettre que demain sera meilleur, on doit aussi leur rendre du pouvoir sur la conduite de leur vie individuelle et collective. Parce qu'inventer comment faire autrement, ça nécessite d'être nombreux et que chacun s'exprime, soit entendu et participe : c'est ainsi que l'on prend les meilleures décisions.

La transition, c'est d'abord un chemin, et ce chemin ne sera pas forcément pavé de sang et de larmes : il peut être enthousiasmant, fédérateur. Le dialogue, la démocratie, l'attention portée à chacun et le souci du collectif doivent être notre boussole. Nos atouts sont immenses. Et, face à nous, les chances de progrès sont réelles. J'ai confiance dans notre capacité à les saisir !

Remerciements

Laurent Berger tient à remercier pour leur contribution : Marie, Alexis, Marylise, Cécile, Isabelle, Gérald, Frédérique, Élodie, Martine, Anne-Juliette, Blandine, Thierry et Mariano.

Achevé d'imprimer en octobre 2016 par Espace Grafic
Pol. Ind. Mutilva Baja C/G n° 11 – 31192 Mutilva Baja – Espagne
Dépôt légal : novembre 2016